日本型多文化教育とは何か

「日本人性」を問い直す学びのデザイン

松尾知明

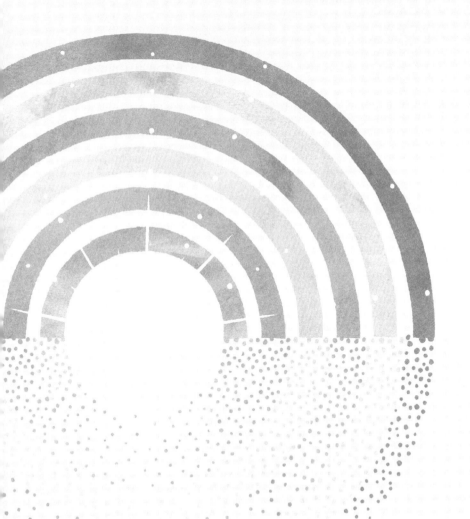

明石書店

日本型多文化教育とは何か――「日本人性」を問い直す学びのデザイン ◇目 次

はじめに

　今、多文化教育をもとに学校の革新が求められる時代が到来している。

　グローバルなレベルでは、地球の縮小化に伴いボーダレス化や多文化化が進み、異なる文化との接触や交流は日常化している。一方で、地球規模の相互依存は深化し、感染症の流行、地球環境の問題、安全保障の課題など、グローバルな共同体において異なる人々との協働による問題解決に迫られている。多文化共生という課題の重要性はいまだかつてないほど切実なものとなっている。

　国内のレベルにおいては、2018年の入国管理及び難民認定法（以下、入管法）改定、そして令和の始まりにより、「移民時代」が到来することになった[1]。人口減少社会を背景とした入管法改定は、人手不足の職種にまで外国人労働者を受け入れる大きな見直しで、新型コロナ収束後にはいっそうの外国人の増加が見込まれている。日本社会において急激に訪れる多文化化の波のなかで、外国につながる多様な人々とともに生きていく覚悟が私たちに求められる時代となったのである。

　こうした国の内外での多様性をめぐる社会状況を考えると、多文化共生の課題は新たな段階を迎えているように思われる。そこで本書では、多文化共生の実現をめざした学びの経験をどのようにデザインしていけばよいのかについての考え方や進め方を具体的に構想し、日本型多文化教育のグランドデザインを提案することを目的としている。

　ではなぜ、今なのか……。それは、日本に多文化教育を本格的に導入する絶好のタイミングだからである。

　平成の初めの1989年に入管法が改定され、日本において外国人児童生徒教育は、平成の30年の間に、外国につながる子どもたちのニーズに応えて、日本語教育や受け入れ体制の充実など対症療法的な政策が進められてきた。この時期を外国につながる子どもの教育をめぐる第一ステージと捉えたい。

　そして、2018年の入管法改定と令和の始まりを、多様性をめぐる新たな第二ステージとして設定することを提案したい。外国人児童生徒教育をめぐっ

ては現在でも、例えば以下の枠に示すような課題が残されている（松尾 2020）。第二ステージに求められるのは、より広い視野に立った教育の基本理念と包括的な枠組みの構想であり、対症療法的な対策から理論やデータに基づいた多様なすべての子どもたちを対象とする日本型多文化教育への転換といえる。

外国人児童生徒教育の抱える課題

- 多様性に価値を置く教育をどのように考えるのか、日本社会で生きていく外国人を含めた多様な児童生徒のニーズにいかに応えていくのかなど、多文化共生と教育に関する基本理念を設定するとともに、その実現をめざしたグランドデザインを構想していく必要がある。
- エビデンスに基づく制度設計（①教育の指針をつくる→②目標を立てる→③目標を達成するための手順や手立てを決める→④何をデータとするかを決める→⑤数値目標を設定し、データをとりPDCAのサイクルを回す）の枠組みを構築することが課題である。
- すべての子どもの学習権を保障していくことが重要である。何らかの義務を外国につながる子どもの保護者に対しても課すなど、法律や制度レベルでの検討を進めていくことが肝要である。
- こうした議論と並行して、当面は不就学の子どもをなくす施策を進めていくことが急務である。電話や訪問による個別確認を含めて就学状況を的確に把握する努力をするとともに、就学の案内や勧奨など就学促進のための取り組みを推進していくことが不可欠である。
- 外国につながる子どもの指導体制をさらに充実させていく必要がある。とくに、学力向上や進路保障を含めた取り組みが求められる。そのためには、小中学校のJSLカリキュラムの改訂、高校レベルのJSLカリキュラムの開発、受け入れ体制の整備とさらなる充実、ライフサイクルに対応した生涯にわたる日本語指導の体制の整備などを進めていくことが期待される。また、キャリア教育や相談支援などの充実が求められる。さらに、自らの言語・文化を学ぶことのできる教育の体制をつくる必要があるだろう。その他、こうした取り組みを支える教師の養成や研修の充実が大切である。
- 外国人学校の法的位置づけや財政支援を改善するとともに、公立学校との交流などを促したりしながら、外国人と日本人がともに言語や文化を学ぶ場として外国人学校を活用するといった取り組みが期待されるだろう。

多文化社会における教育は、多文化教育でなければならない。ボーダレス化を背景に、もの、情報、人は国境を越えるようになり、異なる人々との接触や交流が飛躍的に増加し、また、困難な課題を共有する相互依存関係が深化し、国の内外で多文化とともに生きることが不可避な状況になるなかで、多文化教育の視点に立った学校教育の再構築が求められているのである。

本書ではとくに、多文化教育を構想していく中心的な概念として「日本人性 (Japaneseness)」(松尾 2005, 2020) を位置づけたい[2]。日本人性とは、アメリカ合衆国 (以下、アメリカ) の白人性研究 (Whiteness Studies) に着想を得て筆者が提案してきた概念で、日本人／非日本人 (外国人) の差異のポリティックスによって形成されるもので、①目に見えない文化実践、②自己・他者・社会をみる見方、③構造的な特権から構成されるものである。日本人性は、近年では異文化間教育や国際理解教育の事典にも項目として取り上げられ、その重要性の認知も浸透してきている。

アメリカでは白人性の概念の導入により、①人種主義においてこれまで隠されてきた中心を問う新たな視点、②人種主義をすべての人々に関わる問題として扱う視点、また、③白人性を脱構築して人種的に平等で公正な社会へと変革していく視点を得たとされる (松尾 2005)。日本においても、多文化共生を可能にするには、空気のように日ごろ気づかれない日本人としてのマジョリティ性を問うことが重要であり、日本人の意識をいかに脱中心化していくのかが中心的な課題となるだろう (日本人性の概念については、第2章と第3章で詳述する)。本書では、日本人性の脱構築という視点から、日本人をめぐる差異のポリティックスを踏まえて、多文化共生の実現をめざす日本型多文化教育の考え方や進め方について提案したい。その枠組みは、次ページの囲みの通りである。

なお、本書では、外国につながる子どもの教育に関連づけながら主に議論を展開するが、多文化教育は、人種・民族、ジェンダー、セクシャリティ、社会階層、言語、宗教など広く多様性を対象とするものである。人を分けるそれぞれの軸や、それらの軸が交差する異文化間の狭間においては、マジョリティ性という共通の課題が存在する。こうした多様性と多文化教育をめぐる議論については、終章において検討する。

日本型多文化教育の枠組み

理念：批判的多文化主義：ジャズ　（第1章）

基本的な立場　（第4章）
(1) 多文化教育はすべての子どものための教育である
(2) 多文化教育は多文化社会の市民の育成をめざす
(3) 多文化教育は学校全体の改革をめざす

育成が求められる資質・能力（異文化間能力）　（第2章）
(1) 日本人性に気づき、自分自身が変わろうとする力
(2) 文化的な差異の理解に心がけ、マイノリティの声に耳を傾ける力
(3) 多文化共生社会を他者と協働して築いていこうとする力

異文化間能力の構成要素　（第5章）

	構成要素		
知識	自文化	他文化	社会・世界
スキル	批判的思考	コミュニケーション	傾聴
態度	思慮深さ	寛容・共感	主体的参画

多文化教育の3つの目的　（第4章）
(1) 社会的な平等：学力をつける
(2) 文化的な平等：多様性を伸張する
(3) 多文化市民の育成：多文化社会で生きる力（コンピテンシー）を培う

内容　（第4章）

(1) 社会的平等	(2) 文化的平等	(3) 多文化社会で生きる力の育成
ⅰ．特別なニーズへの対応 ⅱ．教師の期待 ⅲ．多文化のカリキュラム ⅳ．学習スタイルと教授スタイル ⅴ．学校文化を含めた学校改革	ⅰ．自文化の学習 ⅱ．継承語の学習	ⅰ．多文化のカリキュラム ⅱ．偏見や差別の軽減 ⅲ．異文化間コミュニケーション力 ⅳ．社会的行動力の育成

多文化共生へのプロセス　（第6章）

日本型多文化教育の類型		
1. マジョリティ性への気づき 　(1)多文化社会の理解	(2)マジョリティ性の理解	社会認識を育てる
2. マイノリティの物語の発掘 　(1)多様な物語の掘り起こし	(2)文化的障壁の解明	
3. 新しい日本の物語の再構築 　(1)バリアフリー	(2)ユニバーサルデザイン	問題解決力を育てる

本書は、2部8章と終章から構成されている。第Ⅰ部「日本型多文化教育の基本的な理念と枠組み」（第1～4章）では、多文化教育では何をめざすのかといった教育の目的・目標を検討して、日本型多文化教育の基本的な理念や枠組みを提示する。第1章「多文化主義をめぐる争点──多文化教育を支える理念とは」では、多文化教育の理論的な背景でありその実現がめざされる多文化主義とはどのようなものか、第2章「日本人性の問い直しとしての多文化教育──マジョリティ性の脱構築」では、なぜ日本人性を問い直すことが中心的な課題となるのか、第3章「原点に回帰する多文化教育からの示唆──多文化市民としての資質・能力」では、歴史的展開を踏まえ、多文化教育ではどのような資質・能力の育成がめざされるのか、第4章「日本型多文化教育の基本的な枠組み──21世紀の学校教育を拓く」では、日本型多文化教育とはどんな教育をいうのかなどの問いを中心に検討する。

　第Ⅱ部「日本型多文化教育のカリキュラムと授業デザイン」（第5～8章）では、多文化教育では何を学ぶのか、いかに学ぶのかといった教育の内容や方法を中心に、カリキュラムや授業をどのようにデザインするのかについて提案する。第5章「多文化教育のカリキュラムデザイン──学びの経験をどうつくるのか」では、多文化教育のカリキュラムづくりをいかに考え、どのように進めていくのか、第6章「多文化市民を育てる授業デザイン──社会認識と問題発見解決力を育む」では、多文化市民を育てるために社会認識と問題発見解決力を育てる授業をいかにつくっていくのか、第7章「多文化クラスの授業とユニバーサルデザイン──外国につながる子どもの学習方略」では、外国につながる児童生徒の在籍する多文化クラスでいかに授業を工夫していくのか、第8章「多文化教育と海外研修──海外体験学習のプログラムデザイン」では、海外研修プログラムをどんな手順で設計していくのかについて検討する。最後に、終章「マジョリティ性を問う日本型多文化教育への展開」では、日本人・外国人の軸だけではなく、その他の人を分ける軸を含めた多文化を対象にする枠組みをどう構想していくのかについて考察する。

　以上のように、本書では、日本において多文化教育をどのように考えるのか、多文化教育のカリキュラムデザイン、教育方法、学校づくりはどのように具体化していけばよいのかなど、日本型多文化教育の考え方と進め方について

提案することを目的している。

　本書は、例えば、次の3点の意義をもつと考える。第一に、本書は、海外の多文化教育の紹介ではなく、日本型の多文化教育を構想していることが挙げられる。アメリカの多文化教育の枠組みを手がかりにしながらも、日本の文脈で実現可能な多文化教育の考え方と進め方を提案するものである。

　第二に、日本人性を中心的な概念として設定し、日本人のマジョリティ性を問う教育のあり方を提案することが挙げられる。日本人性の問い直しという試みは、日本人という意識を批判的に内省することを通して、私たちの自民族中心主義的な傾向を脱中心化していく取り組みといえる。本書では、多文化共生を実現していくためのカギとなるマジョリティの意識改革の考え方や進め方を具体的に提案するものである。

　第三に、新しい教育課程に位置づけることで、日本型多文化教育の導入をリアリティのあるものにしていることが挙げられる。学習指導要領は日本の教育を方向づける10年間の青写真といった性格をもつが、本書では、日本型多文化教育の考え方や進め方を2017・2018年に改訂された新学習指導要領に対応させている。すなわち、その中心的な課題である社会に開かれた教育課程、資質・能力の育成、見方・考え方の涵養、主体的・対話的で深い学びによる授業改善、カリキュラムマネジメントの実施などに関連させながら、日本型多文化教育における具体的な手立てや手順、進め方を提案するものである。

　本書は、日本型多文化教育のグランドデザインを提案するもので、日本という多文化社会においてこれから求められる教育のあり方のビジョンを示す試みでもある。日本において多文化共生社会を実現していくためにも、移民時代の教育のあり方に興味をもつ研究者、教員、学生、一般の読者など、たくさんのみなさんに手に取っていただけることを期待したい。

　筆者はこれまで、多文化教育とカリキュラムを対象に研究を進めてきた。諸外国における多文化教育に関する研究としては、『アメリカ多文化教育の再構築』、『多文化教育がわかる事典』（米）、『多文化教育の国際比較──世界10カ国の教育政策と移民政策』（英、独、仏、米、加、豪、新、星、韓、日）、多文化共生と教育のあり方を追究する研究には、『多文化共生のためのテキストブッ

ク』、『「移民時代」の多文化共生論』（以上、明石書店）、カリキュラムに関する
研究については、『未来を拓く資質・能力と新しい教育課程』（学事出版）、『新
版　教育課程・方法論』（学文社）、『21世紀型スキルとは何か』（明石書店）、『ア
メリカの現代教育改革』（東信堂）などがある。これらの研究を踏まえた日本に
おける多文化教育の構築に関する研究としては、『多文化教育をデザインする』
（編著、勁草書房）、『多文化クラスの授業デザイン』（明石書店）などがある。本
書は、多文化教育とカリキュラムに関するこれまでの研究を総合して、日本に
おける多文化教育の枠組みを構想する試みといえる。多文化共生の実現に向け
た新たな第二のステージを迎えた今、日本型多文化教育による革新が進んでい
くことを期待したい。

　最後に、明石書店には本書の今日的な意義をご理解いただき、厳しい出版事
情のなか、本書の刊行を快くお引き受けいただいた。編集者の小山光さんに
は、出版に至るまで細かい点まで行き届いた丁寧な編集作業をしていただき、
たいへんお世話になった。心より感謝を申し上げたい。

注

(1) 移民とは、国境を越えて移り住んだ個人やその家族のことをいい、移入民と移出民に分
　　けられる。日本では在日コリアンなどのオールドカマーに加え、とくに1990年代以降に
　　は入管法の改定や研修・実習生制度によりニューカマーが増加した。日本政府は移民と
　　いう用語を使用していないが、これらの人々の滞在の長期化や定住化傾向は顕著なもの
　　となってきている。さらに永住資格や日本国籍を取得する人、国際結婚による日本人の
　　配偶者、家族の呼び寄せなどが増加しており、また、2018年の入管法改定により今後ま
　　すます外国人の流入が増加していくことが予想されている。日本社会においては「移民
　　時代」が到来したと捉えるのが自然であろう。
(2) マジョリティ性を問うという意味での日本人性の概念については、松尾（1996, 2005,
　　2010）で紹介してきたが、近年になって事典の項目として採用されたり、塩原（2014）、
　　青木（2018）、下地ローレンス（2018）、髙橋（Takahashi 2020）、坂本（2021）などで検
　　討されたりするようになっている。

引用・参考文献
青木香代子（2018）「海外日本語教師アシスタント実習プログラムにおける異文化間能力──

日本人性に着目して」異文化間教育学会編『異文化間教育』第47号、pp.34-49.

移民政策学会設立10周年記念論集刊行委員会編（2018）『移民政策のフロンティア――日本の歩みと課題を問い直す』明石書店.

坂本光代編（2021）『多様性を再考する――マジョリティに向けた多文化教育』上智大学出版.

塩原良和（2014）「エスニシティと白人性」大澤真幸・塩原良和・橋本努・和田伸一郎『ナショナリズムとグローバリズム――越境と愛国のパラドックス』新曜社、pp.261-265.

下地ローレンス吉孝（2018）『「混血」と「日本人」――ハーフ・ダブル・ミックスの社会史』青土社.

松尾知明（1996）「多様な文化を教師はどのようにとらえればよいか」加藤幸次編『国際化時代に求められる資質・能力と指導』教育開発研究所、pp.86-89.

松尾知明（2005）「『ホワイトネス研究』と『日本人性』――異文化間教育研究への新しい視座」異文化間教育学会編『異文化間教育』第22号、pp.15-26.

松尾知明（2010）「問い直される日本人性――白人性研究を手がかりに」渡戸一郎・井沢泰樹編著『多民族化社会・日本――〈多文化共生〉の社会的リアリティを問い直す』明石書店、pp.191-209.

松尾知明（2020）『「移民時代」の多文化共生論――想像力・創造力を育む14のレッスン』明石書店.

Takahashi, F. (2020) Japaneseness in Immigrant Education: Toward Culturally Responsive Teaching in Japan, *Educational Studies in Japan (14)*, pp.15-27.

第Ⅰ部

日本型多文化教育の
基本的な理念と枠組み

多文化教育は何をめざしていけばよいのだろうか。日本
型多文化教育とはどのような枠組みなのだろうか。第1
～4章では、教育の目的・目標という観点から、多文化
教育の背景となる多文化主義の理念（第1章）、「日本人
性」の問い直し（第2章）、育成が求められる多文化市
民としての資質・能力（第3章）について検討した上で、
日本型多文化教育の基本的な枠組み（第4章）について
提案する。

第1章

多文化主義をめぐる争点
──多文化教育を支える理念とは

はじめに

　グローバル化が大きく進み、国の内外で異なる人々との接触や相互依存が深まるなかで、多様な人々といかにともに生きていくのかが重要な課題となっている。この課題に応えるために、多文化教育はこれまで、多文化共生をめざす教育改革、教育実践として展開してきたが、その理論的な根拠として位置づくのが、「多文化主義（multiculturalism）」の理念である。

　一方で、多文化主義をめぐっては多様な捉え方や立場があり、その賛否をめぐってさまざまな議論があるが、近年では「多文化主義は終わった」とする主張もなされるようになっている。そのため、多文化教育を推進し、多文化共生の実現をめざしていくには、その政策や実践を方向づける多文化主義の概念について明確にしておく必要があるだろう。

　では、多文化教育の理論的な支柱でありその実現がめざされる多文化主義とはどのようなものだろうか。第1章では、多文化主義をめぐる代表的な論点を検討することを通して、多文化教育においてめざされる多文化主義の概念について考察することを目的としている。

　具体的には、論争的である多文化主義という概念、及び、多文化主義の歴史的展開を概観した上で、多文化主義の主要な考え方や論点を整理し、「ジャズ（jazz）」をメタファーに多文化教育の論理的な支柱となる批判的多文化主義について検討したい。

1. 論争的な焦点としての多文化主義

　「多文化主義は失敗した」と、ドイツのメルケル（A. D. Merkel）首相（2010年）、イギリスのキャメロン（D. W. D. Cameron）首相（2011年）など政界のトッ

プが相次いで表明した。近年のヨーロッパにおいては、エスニック集団のゲットー化が進む一方で、過激化したイスラム教徒によるテロが頻発する状況がみられるようになった。これらの背景から、エスニック・マイノリティの文化を尊重してきた政策がかえって民族意識を高揚させ、主流社会への同化を阻んでいるのではないかといった多文化主義に対する疑問が投げかけられたものといえる。では、多文化主義は、終焉を迎えたのだろうか。

　多文化主義という用語は、多義的で論争的な言葉であり、確定した合意された定義があるというよりは、その概念はつねに形成され変化し続けているものといえる。ヘブディッジ（D. Hebdige 1988）によれば、「一つの言葉がより複雑で矛盾したニュアンスをもてばもつほど、より歴史的に重要な論争の焦点を生み出す傾向にある」（p.182）という。多文化主義という言葉はまさに、時代や社会を読み解くカギとなる概念であり、その意味するものはつねに議論を招来し形成過程にあるものといえるだろう。

　多文化主義の用語には、二重の語義がある（西川 2006）。それらは、「①ある集団や共同体のなかに複数の文化が共存している状態、②そのような多文化共存の状態を好ましいと考え、積極的にその共存の推進を図ろうとする政策や思想的立場」（pp.164-165）である。日本においては②の「理念」や「政策」のみが強調される傾向があるが、①多様な人々の共存の「現状」といった意味もある。通常、多様性の「現状」とそのめざされる「理念」「政策」との間には大きなギャップがある場合も多く、その社会の置かれた多文化の「現状」をもとにして、多文化主義の「理念」や「政策」は着想され具体化されるものといえる。

　したがって、多文化主義の意味するものは、ある共同体はどのような文化集団の構成になっているのか、それらの集団はいかなる関係を相互に築いてきたのかなど、多文化をめぐる社会の「現状」やそれに至る歴史的な文脈によって、「理念」やその理念を体現する「政策」についての論点や力点は大きく異なるものになってくるといえる。例えば、カナダのように国内にアングロサクソン系とフランス系といった二大民族をもっている場合と、ヨーロッパの多くの国々のように白人の主流集団が大多数を占め、エスニック集団がマイノリティとして在住しているような場合とでは、多文化主義の「理念」や「政策」

は異なる形で議論されるだろう。

　また、多文化主義というものは、思想的な立ち位置によっても、その解釈をめぐり多様な立場がある。例えば、マクラーレン（P. McLaren 1995）は、多文化主義を4つに分け、①異なる他者を主流に同化する白人優越主義に基づいた「保守多文化主義」、②カラー・ブラインド社会のメリトクラシー[(1)]のもとで人種、ジェンダー、階級にかかわらない個人のエンパワーメントを強調する「リベラル多文化主義」、③カラー・コンシャス社会において文化的多様性の理解・尊重を通した漸次の社会改革をめざす「左派リベラル多文化主義」、④人種、ジェンダー、階級による不平等な社会構造の究明と集団的な政治運動を通した根本的な社会変革をめざす「批判的多文化主義」に分類している。思想的な立場によって、多文化という状況についての解釈や立場には大きな違いがあるといえる。

　さらに、多文化主義の意味するものは、対象とする共同体や思想的な立場が同じであっても、時代とともに変化し続ける。エスニック集団を取り巻く社会状況はつねに変容するため、多文化主義の「現状」「理念」「政策」は時間の推移とともに形を変えていく。例えば、民族意識の高まりを背景に多文化主義の言葉が使用され始めた時期で世界経済の拡大期の比較的安定していた1970年代と、AI（人工知能）やIoT（モノのインターネット）、ビッグデータなどの技術革新が進み、変化の激しい予測の困難な社会が到来し、ボーダレス化のもと文化的多様性が著しく進んでいる現在とでは、多様性についての捉え方や考え方は同じ個人であっても変化するだろう。多文化主義の概念や取り組みは、時間の流れとともに変容するものでもある。

　多文化主義の意味するものは、以上のように、社会的な文脈や政治的な立場、時代的な推移によって争点や力点が異なる形で議論されるもので、歴史的・社会的に構成され変化するものといえる。本章では、多文化主義をめぐる近年の主要な議論を取り上げて検討することを通して、これからの多文化教育の基盤となる多文化主義のあり方について考察したい。

2. 多文化主義の誕生と歴史的展開

　ここでは、多文化主義という用語がどのようにして生まれ、政策として浸透していったのかについて歴史的展開を概観した上で、近年の多文化主義をめぐって何が問題になっているのかについて論点を位置づけることにする。

　国家統合の理念については、1950年代ごろまで、エスニック集団は独自の文化を捨て主流集団の文化に溶け込んでいくといった同化主義が自明とされていた。社会集団のなかの力関係のもとで、エスニック・マイノリティは、時間がたてばマジョリティのやり方を自然に身に付け、主流の社会に徐々に取り込まれ、編入されていくだろうと考えられていた。ところが、1960年代になると、エスニック集団の分離独立の動きや権利回復運動、エスニックプライドの主張など、マイノリティの権利やアイデンティティを主張する動きが大きな展開をみせることになったのである。サラダボウルやモザイクなどのメタファーが使用され、文化的な多様性を維持することは必ずしもマイナスではなく、かえって社会の強みとなるといった統合のあり方がイメージされるようになる。このような民族意識の覚醒や民族文化の活性化といった新たな動きを背景に、多様な文化を認知し、多様性を維持・尊重しながら国家的な統合を図っていこうという多文化主義の考えが生まれることになった。

　多文化主義という用語の最初の使用は、オックスフォード英語辞典（1989）によれば、1965年のカナダ政府の報告書『バイリンガリズムとバイカルチュラリズムに関する王立調査委員会の第一報告書』である。ケベック州のフランス系住民による独立運動を背景に、二言語および二文化を基礎に他の民族集団の貢献に配慮することで、文化的に豊かなカナダをつくっていくことを提言する報告書においてであった。

　カナダではその後、1971年に二言語主義の枠内での多文化主義が国の方針として宣言され、1988年には多文化主義法が制定されることになった。カナダの影響を受けたオーストラリアでは、1970年代に、アジア系住民の増加を背景として、白人以外の移民を制限してきたそれまでの白豪主義を廃し、国として文化的な多様性を奨励する多文化主義政策へと大きな転換を図っていっ

た。アメリカでは、公民権運動を背景に文化的な多様性を尊重する動きのなか
で文化多元主義（cultural pluralism）という用語が使われていたが、1990年代以
降になると、その是非の論争を伴いながら多文化主義の用語使用が一般的に
なっていった。ヨーロッパ諸国でも、多文化主義の理念は次第に取り入れられ
るようになり、エスニック・マイノリティの文化的な独自性を尊重していくよ
うな政策も推進されるようになった。グレイザー（N. Glazer 1997）の『私たち
は今やすべて多文化主義者である（*We are All Multiculturalists Now*)』の題名が
表現しているように、エスニック集団の文化的な多様性をある程度認める必要
があるという考え方は、多かれ少なかれ世間で広く認知されるようになってお
り、すでに一般的な社会の合意となっているといえる。

　このように1970年代から広く浸透してきた多文化主義の理念や政策である
が、近年になり、多文化主義を否定するような言動もみられるようになった。
新自由主義的な主張や政策が世界を席巻するなかで、多文化主義を推進する福
祉や教育の政策の予算は削減される傾向にあり、その取り組みは停滞するよう
になっている。

　また、多文化主義の終焉というようなことさえささやかれるようにもなっ
た。多文化主義の理念のもとに推進されてきたエスニック・マイノリティを支
援する福祉政策が、現実には、エスニック集団のゲットー化を招き、国内にテ
ロリストを生む温床となっており、社会に統合ではなく分裂をもたらしている
といった主張が展開されていったのである。こうした多文化主義への批判は一
般的な支持を集めるようになっており、エスニック・マイノリティに対する人
種差別的な言動を許容するような風潮も広がっている。また、移民の排斥を訴
える極右の政党が世界各地で勢いを増しており、排他主義が横行するような状
況が生まれているのである。

　一方で、技術革新を背景に、グローバリゼーションに伴い、社会の多文化化
は着実に進展するとともに、インターネットを通したボーダレス化が進むなか
で、異なる人々が接触する機会は著しく増えている。私たちを取り巻くこうし
た多文化の現実は、異なる他者といかに共存し、ともに生きていくのかといっ
た課題を突き付けている。また、知識社会が進み、創造やイノベーションが課
題となるなかで、多様性に新たな意味が見出されるようになっている。異なる

人々の協働は新しいアイデアや価値を生み出すために効果的であることがわかってきているのである。ボーダレスな社会の到来により国内に文化的な多様性が著しく浸透するとともに、多様性の価値が再認識されるなかで、多文化主義の理念や政策がこれほど必要とされる時代はこれまでなかったともいえる。

このように、多文化主義の理念や政策は、多様性とともにいかに生きていくのかといった今日的で重要な問いを私たちに投げかけるものとなっている。多文化主義の推進は、マイノリティの権利に関わる事象であり、このことは裏を返せば、マジョリティの社会的な威信や特権を切り崩すものであるため、つねに論争を伴うものである。多文化の現実をどのように捉え、めざす共生のあり方をいかに思い描いていくのかは、マジョリティとマイノリティという、異なる立場をもつ人々の間で生じるその時々の政治的なせめぎ合いの帰結なのである。マイノリティ側からすれば、多文化主義をめぐる主張は、人種主義に異議を申し立て、多様性の承認を勝ち取り、社会的な公正や平等の実現を図るための闘争の歴史であったともいえる。

では、多文化主義の主要な論点や考え方にはどのような展開があるのだろうか。以下では変容し続ける多文化主義について、マネジメントの道具へと変容する多文化主義、ネオリベラル化する多文化主義、批判的多文化主義と多文化共生の3つの流れから検討していくことにしたい。

3. マネジメントの道具へと変容する多文化主義

多文化主義の変容をみてみると、まず、その理念が主流の政策となっていくなかで、マイノリティの社会変革に向けた当初の視点が失われ、主流社会にエスニック集団を取り込むことで国家統合を図っていくものへと変容していったことが挙げられる。リベラルな多文化主義の考え方が社会の政策として実現するようになる一方で、その中身がマジョリティの優位性を保持するものへと変質していくことになるのである。

多文化主義は、マイノリティの視点に立ち、異議申し立ての運動を背景に生まれたため、その言葉が誕生した当初は、制度的な人種主義や不平等な社会構造を変革していこうというニュアンスをもっていた。例えば、アメリカでは、

公民権運動や文化活性化運動を背景に、文化多元主義の理念のもと、エスニック・マイノリティ集団の意識の高揚がみられ、これらの集団を対象とした黒人研究、ラティノ研究など、大学ではエスニック・スタディーズなどの学部や学科も設置されていった。これまで沈黙させられてきたマイノリティの声（voice）を掘り起こすとともに、人種主義に対峙していく場がつくられていったのである。

　その一方で、1970年代にカナダやオーストラリアで多文化主義が国家政策となったことを皮切りに、多文化主義の理念はメインストリームの政策となっていった。エスニック・マイノリティによる差異の承認要求に応えて、エスニック集団の文化の理解と尊重を促すような政策が世界的に広がった。こうした動きには、多様性の認知を促したという望ましい側面もあったが、多文化共生の視点からは逆行するような展開もみられた。塩原（2012）は、行政により推進される多文化主義を「公定多文化主義」と呼び、統合と管理といった2つの特徴がみられるとしている。

　すなわち第一に、多文化主義は主流の政策となる過程で、エスニック集団が主流集団を中心とする国家に統合される論理として機能するようになったのである。確かに、エスニック・マイノリティの要求に応える形で、文化やアイデンティティを尊重する政策が進められ、差異がある程度認知されるようになった。しかしそれは、マジョリティのルールのもとで、多文化主義の脱政治化を通して国家統合を促していくという側面をもっていた。

　例えば、アメリカの多文化教育の例をみてみると、1970年代に、多文化教育の制度化が大きく進んだ。大多数を占める白人の教師も、文化の多様性に焦点をあてる教育実践を進めるようになったが、その内容から政治的な色合いが失われていくことになる。3Fと揶揄されるような食べ物（food）、民族衣装（fashion）、祭り（festival）など、エキゾチックな民族文化を表面的に理解するようなアプローチが浸透していった。多文化教育が制度化されたことで、エスニック・マイノリティの文化やアイデンティティがある程度受け入れられるようになる一方で、人種差別や社会の不平等に対するマジョリティへの異議申し立ての視点は次第に失われていった。

　多文化主義は、以上のように、制度化・主流化とともにマジョリティ性を問う視点を失い、主流のルールのもとで「多からなる一つ」の国民統合を促す論

理として脱政治化され、定着していったのである。

　第二に、政策として取り入れられていくなかで、多文化主義は多様性を管理する道具として機能するように変容していくことになる（塩原 2012, pp.78-79）。確かに、多文化主義のもとで社会福祉政策が進み、マイノリティとマジョリティ間の不平等の是正に一定の効果を上げていった。しかしそれは、主流集団によってエスニック・マイノリティを管理するシステムをつくり上げていく側面をもっていた。

　多文化主義は制度化され、社会的な格差や不平等の是正に向けて、社会保障や社会福祉のサービスが実施されるようになった。こうしたエスニック・マイノリティへの支援は、特定の集団を対象としたものとして始まり、次第に、特例的であったエスニック・マイノリティへの公的支援は社会福祉サービスの全体に制度化されていった。エスニック・マイノリティのニーズが広く認知されるようになり、かれらの問題の解決をめざして財政的な措置がとられるようになっていった。

　一方で、こうした政策は財源を伴うものであり、所得の再配分を意味するものでもあった。そこには、支援するのはマジョリティ側で、支援されるのはエスニック・マイノリティ側という構図があった。お金を出すことは口を出すことを意味し、再分配から恩恵を受けるマイノリティ集団に対して、当該の予算の使い道をめぐりマジョリティの視点からの管理が進むことになった。マジョリティの都合や利益にアクセントが置かれながら、マイノリティの日常生活への介入が進んでいった。

　貧困や社会保障としての政策は、エスニック・マイノリティのニーズに応えるものであったが、同時に財政的な援助を与えることで、かれらを主流社会のシステムに編入して、行動を管理・統制するものとなっていった。文化的多様性は、マジョリティが寛容でいられる範囲で、また、福祉国家体制を維持できる範囲で許されたが、マジョリティによって多様性が管理されるシステムがつくられていった。多文化主義が、多様性のマネジメントの道具へと変容していったのである。

　エスニック・マイノリティによる運動を契機に生まれた多文化主義は、制度や政策として取り込まれていくなかで脱政治化され、社会変革を志向するもの

ではなく、国内のエスニック集団をマネジメントするものに変容していったといえる。

4. ネオリベラル化する多文化主義

　多文化主義はまた、グローバリゼーションが進むなかで、新自由主義の立場から、国家の生き残りをかけた人材確保のための理念として利用され変容していくことになった。これはコーポレート多文化主義とも呼ばれ、経済的なメリットの視点から多様性の有用性が判断され、社会に価値がある場合に限って差異が尊重されるというものである。

　多文化主義は、前述の通り、すべてのエスニック集団の成員を対象とし、限界をもちながらも、多様性を認知して支援していく福祉国家的な政策を通してある程度の成果をもたらしてきた。ところが、国の財政が厳しくなり、新自由主義が浸透するなかで、社会的な不平等の解消に割り当てられたエスニック集団を対象にした予算は大きく削減され、貧困や社会の格差の是正のためにマイノリティ側の自助努力や自己責任が強調されるようになった。

　一方で、変化の激しい予測の困難な知識社会が到来することになった。AI、IoTやビッグデータなどの技術革新のもとで、Volatility（変動性・不安定さ）、Uncertainty（不確実性・不確定さ）、Complexity（複雑性）、Ambiguity（曖昧性・不明確さ）という4つのキーワードの頭文字をとったVUCA（ブーカ）と呼ばれる社会が登場し、知識がきわめて大きな意味をもつようになった。知識社会においては、知識の果たす役割が増大し、知識をいかに創造し活用していくのかが経済的な成功の基盤となっている（JAIST知識科学研究科 2014）。

　知識の重要性は、例えば、アップル社のジョブズ（S. Jobs）をイメージするとわかりやすいだろう。Think different、つまり人と違うように発想し、iPadやiPhoneなど新しく魅力的な商品を開発・創造することができれば、大きな社会的成功を収めることができる。ところが逆に、それができなければ、シャープや東芝をはじめとする近年の日本の電機業界のように、世界に名をはせた大企業でもすぐに経営に行き詰ってしまうのである。創造やイノベーションを抜きにしては、企業が生き残れない時代となったといえる。

そのため、知識社会においては、技術革新や創造を可能にする人的資源（human capital）の重要性が認識されるようになり、国際的な人材の奪い合いといった状況が生まれている。各国は「役に立つ」人材の獲得のため、高度人材を受け入れるポイント制などのグローバルエリートを優遇する移民政策をこぞって導入した。このことは、日本も例外ではない。2012年5月より高度外国人材に対するポイント制を活用した優遇措置を進めており、2023年4月からはさらに特別高度人材制度（J-Skip）といった在留資格の取得を優遇する措置を導入している[2]。

　知識社会においては、人種・民族の背景よりも能力が問われることになる。異なる人種・民族などによる偏見や差別があれば敬遠されるため、世界中からグローバル人材を獲得しやすくするためには、日常生活のなかで多様性が尊重される居心地のよい環境を準備しておく必要がある。そこで、知識社会を生き抜くために、多文化主義の考えが、グローバル人材獲得のために取り込まれ、社会において多様性は尊重され、より寛容な環境づくりが進められていく。

　しかしながら、国の生き残りをかけてグローバル人材を獲得するための多様性の尊重は、功利的であり限定的なもので、エスニック・マイノリティの全体を視野に入れたものではない。社会のメリットになる多様性は尊重されるが、そうでなければ切り捨てられ排除されるのである。そのような多文化主義は、経済的な利益のみを追い続ける多様性への配慮というものであり、制度的な人種主義や社会構造を変革していこうという視点を欠いている。結果として、すべての市民の間での多文化の共生は進まない。

　新自由主義の浸透に伴い、多文化主義は人材確保の道具として、エスニック・マイノリティ全体ではなく、エスニック集団の「役に立つ」個人が優遇されるものに変わっていったのである。

　多文化主義は、エスニック・マイノリティにとって、諸刃の剣であったといえる。確かに、多文化主義は、制度化が進むなかで、エスニック集団の社会的な認知を高め、多様な文化を尊重していこうとする考えを浸透させるという点で大きな意義をもっていたといえる。しかし、エスニック・マイノリティによる運動を契機に生まれた多文化主義は、制度や政策として取り込まれていくなかで、マネジメントの道具、あるいは、役に立つ人材確保の手段として脱政治

化され、不平等な社会の変革を志向するものではなくなっていったのである。エスニック・マイノリティが多文化主義を受け入れることは、差異の認知を得ると同時に、マジョリティ支配を温存するというマジョリティとのトレイドオフの所産であったともいえる。

5. 批判的多文化主義と多文化共生

　多文化主義が政策として主流に取り込まれ、新自由主義の影響のもとでその中身が変容していく一方で、これらの多文化主義への批判という形で、多文化主義の原点に立ち返り、批判的な立場から多文化主義を再構築していこうとする学問的な動きもみられる。多様性の包摂をめざす批判的多文化主義の流れである。

　批判的多文化主義の1つ目の側面は、マジョリティ性への着目である。多文化主義では、文化の多様性はエスニック・マイノリティのみに焦点が置かれ、多文化社会における文化が横並びに捉えられる傾向にあった。マジョリティについては問われることはほとんどなく、マジョリティである主流集団は暗黙の前提として可視化されないものとなっていた。このように、多文化主義は、人種主義や不平等な社会構造を問題にするものとはなっていないといった批判があった。

　こうした課題を克服するために、1990年代になると、アメリカにおいては、「白人性（whiteness）」[3]が注目されるようになる。白人というマジョリティを問うことで、人種主義におけるこれまで隠されてきた中心を問うこと、人種主義をすべての人々に関わる問題として扱うことを可能にし、人種的に平等で公正な社会へと変革していく視点を得たのである。人種主義を支えるマジョリティ中心のものの見方や文化実践、不平等な社会構造の解明とその変革を志向するものとなったのである。

　2つ目の側面は、文化本質主義への着目である。文化を実体として捉えることを文化本質主義というが、集団は本来的に異なる実体をもつとするこのような見方は、「内集団」「外集団」のバウンダリーを固定化し、外集団を「他者」として差別化することに陥っていた。さらに、集団の純粋性と同質性の強調は、同一集

団としての一致を強制する傾向を生み、集団内に存在する多様性を抑圧するものにもなっていた。このように、本質主義に基づく集団観は、差異を歴史としてではなく自然として固定化させるものであり、集団外に対しては排他的・差別的であり、集団内の多様な声に対しては抑圧的であったといえる。

それが、ポスト構造主義の影響のもと、人種を本質的な実体としてではなく社会的に構築されたものとして捉える関係論的な理論が取り入れられるようになった。白人であることが本質的な実体ではなく、社会的につくられたということは、つくり変えることができることを示唆している。白人である意味を問い直すことにより、社会変革への可能性が拓かれたのである。

3つ目の側面は、集団間の対話への着目である。多文化主義は、集団としてのアイデンティティを重視することで、集団間の対立を生み出すものになっており、必ずしも多文化の共生に貢献していないのではないかといった批判があった。例えば、インターカルチュラリズムは、こうした多文化主義の批判を展開し、集団間の対話を重視したアプローチにしていく必要があると主張した（例えば、ブシャール 2017）。

多文化主義の立場からの返答は、インターカルチュラリズムは、多文化主義を否定するというよりは、その弱点を補強するものとも捉えることができるといったものである（関根 2016）。多文化主義においてもこれまで集団間の相互作用の視点がなかったわけではないが、集団間の関係に焦点を置くものではなかった。しかし、多文化共生に向けて集団間の対話は重要であり、こうした相互交流や集団間のコミュニケーションを促していこうとする側面をより重視していくことがより意識されるものになったのである。

批判的多文化主義は、以上のように、マジョリティ性を問題にし、文化本質主義を廃し、対話をより重視した特徴が含まれることになった。多文化主義への批判に応え、文化的に異なる人々が、社会から受け入れられ、居場所がもてる状況をどのようにつくっていくのか、また、不平等な社会構造をいかにして変革していくのかを追究して、理論的に展開されたものといえる。

では、批判的多文化主義をどのようにイメージすればよいのだろうか。ジャズをメタファーとして、批判的多文化主義の概念について次に検討することにする。

6. ジャズとしての多文化主義

　ここでは、多文化教育の基本理念である批判的多文化主義について、ジャズをメタファーに概念化することにしたい（Ladson-Billings 2003）。ジャズとは、例えば以下のような特徴をもっている。

　本物のジャズは、一つの混成であり、調和できそうにないような要素の絶妙な結合である。……ジャズは、ラグタイムに、ブルースを加え、オーケストラのシンフォニーを合わせもったものであり、メロディー、リズム、ハーモニーそして対比法の……組み合わせである。（C. Engel）
　ジャズは、演奏しながら創造される即興的な芸術である。
　ジャズは、個人的な表現を賞賛するが、自分を捨てた協働が要求される。
　ジャズは、ほとんどいつもブルースにルーツをもつが、永遠に変化している。
　ジャズは、豊かな伝統とそれ自体のルールをもつが、夜ごとに新しくなっている。
　ジャズは、大きな人気を博したが、多くの困難を生き延びてきた……。（G. C. Ward & K. Burns）
　……ジャズは、終わりのない探究であり絶え間ない発見である。（A. Sundgaard）

　ジャズは、混成、即興、協働、伝統、永遠の変化、絶え間ない発見などの言葉にあるように、さまざまな異質な音楽の要素がダイナミックに演奏というパフォーマンスの場において出会い、新しい絶妙の混成としてのまとまりを絶え間なく生み出していく音楽といえる。このようなジャズの特徴から、批判的多文化主義の特徴について以下の5点が示唆される。

①プロダクトとしての多文化主義からプロセスとしての多文化主義へ

　演奏しながら創造される即興的な音楽であるジャズのように、理念としての多文化主義というものを、すでに「ある」ものではなく、具体的なコンテクストのなかで絶えず「つくられる」ものと考えることにしたい。もちろん、ジャズが歴史や伝統をもちながらつねに新しく変化しているように、多文化主義も

また歴史のなかに位置づくものであり、白紙の状態からまったく新しいものとして表出したといったものではない。多文化主義は、過去とつながりながらも、新たな状況のなかで、異なる文化相互の関係を構築しながら、つねに変容し続けている。多文化主義は、一つの理念としてすでに完結して「ある」ものではなく、変わり続ける現在進行形の「なる」ものといえる。それは、終わりのない探究であり絶え間ない発見である。ブルースにルーツをもつが、永遠に変化しているジャズのように、多文化主義を完結したプロダクトではなく、つねに変容を続ける現在進行性のプロセスとして捉えるのである。

②静的な多文化主義から動的な多文化主義へ

　豊かな伝統とそれ自体のルールをもつが、夜ごとに新しくなっているジャズのように、多文化の状況というものは、固定して変化のない静的なものではなく、つねに変化し続けるきわめて動的なものと考えることにしたい。完成された楽曲を譜面の通りに忠実に再現するような音楽ではなく、ジャズは生き物であり、セッションのなかで、多様な楽器が持ち味を出し合い、それぞれの音色やテンポ、リズムを聞き合いながら複雑な対話を試み、相互に影響を与え合いながらダイナミックに新しいサウンドを生み出すものといえる。ジャズのように、多文化の状況は固有の文化が整然と併存しているようなものではない。一つひとつの演奏の場においても、時代的な時の流れのなかにおいても、つねにダイナミックに変化し続けるジャズのように、多文化の状況もまたマクロ、メゾ、ミクロといったレベルにかかわらず、空間と時間の交差する軸に位置づきながら、多様な文化的な構成員の間のインタラクションを通して、つねに影響し合い、変容し変わり続けるきわめて動的なものとして捉えるのである。

③純粋な文化のサラダボウルから混成の文化のジャズへ

　異質な要素が混じり合ったジャズのように、文化は純粋ではなく混成であると捉えるのである。さまざまなジャンルの音楽が出会い、相互に影響を与え合いながら生成されるジャズのように、集団の文化というものは元来、借用、模倣、交流と創造によって歴史的に形成されてきたものである。たとえ、創造された場合でもそれ以前の文化を土台にしているわけで、文化というものは、純

粋ではなく混成であることが基本といえる。一つの文化集団というものは、共通性をもちながらも異種混交したハイブリッドな文化をもつのである。それに加え、多文化社会というものは、多数に存在するこうした一つひとつの個性的な混成の文化の集合体で、そこでは文化が新たに出会い相互に混じり合って、さらなる混成の文化の総体を生み出しているといえる。多文化主義は、混成の文化といった特徴が基本にあり、調和できそうにないような多様な要素の絶妙な結合をめざすものといえる。

④政治的に中立な多文化主義から力関係が内在する多文化主義へ

　多文化主義というものは、政治的に中立なものではなく、力関係が内在するものと考えることにしたい。そこでは、自由さやダイナミックさといったジャズの特質が、人気の高まりとともに主流文化に取り込まれ、規格化あるいは定式化される危機に幾度も直面してきた歴史のように、力関係のポリティックスとしての文化的側面をもつものと捉える。主流の音楽のトレンドや流行のもとで、エッジの効いたジャズの新規性や独創性は囲い込まれ、主流文化の嗜好に合う形で飼い馴らされようとする困難に繰り返し直面してきたのである。多文化社会において、多数の文化は並列しているようなものではなく、マジョリティとマイノリティの力関係が内在している。社会の中心を構成するマジョリティの力は絶大で、マイノリティの声は、マジョリティの大きな物語に取り込まれる方向で力作用が働く現実がある。文化というものは、言説や言説実践を通して、不平等な社会を生産・再生産する力がつねに働く力関係が内在する側面をもつものといえる。

⑤理解する多文化主義から変革する多文化主義へ

　新たな曲がある状況のもとでつねに更新され創造されていくジャズのように、多文化の状況をすでに完結した状況として「理解する」のではなく、関わり合い対話しながらつねに「つくり変える」ものとして捉えることにしたい。ジャズのセッションのように、多文化は、つねに未完成であり更新されるものといえる。多様な文化が社会のさまざまなレベルで出会い、対話しながら即興の音楽を奏で、ともに新たなハーモニーを生み出していく。個人的な表現を賞

賛するが、自分を捨てた協働が要求されるジャズのように、自らを表現し、技を競い合い切磋琢磨しつつも、異なる人々との駆け引きのなかで、曲としてのまとまりを考え、ときには身を引くことも求められる。自らを主張しつつも、演奏という協働の場にともに参加して、より革新的で魅力的な新しい音づくりに参画していくのである。公正で平等な多文化共生社会を実現していくために、理解し尊重する対象としての多文化といった捉え方から、変革する対象としての多文化へとその力点を移行させていくのである。

　日本型多文化教育においては、理念的な支柱として批判的多文化主義の立場をとりたい。そして、ジャズをメタファーに考えてきたように、①プロダクトからプロセスへ、②静的から動的へ、③純粋から混成へ、④政治的に中立から力関係のポリティックスへ、⑤理解から変革へといった特徴をもつものとして捉えたい。

おわりに

　本章では、多文化教育の基本理念となる多文化主義の概念について検討してきた。多文化の現実をどのように捉え、多文化共生に向けた理念や政策をいかに進めていけばよいのかなど、多文化主義をめぐるこれまでの議論の主要なものを整理した。多文化化が急激に進む社会状況、多様性についての理解や解釈の違いなどを反映して、多文化主義の考え方は大きく変容してきている。また、多様な人々によって構成される日本社会における多文化共生のあり方について、ジャズをメタファーにしながら整理し、多文化教育の理論的な支柱となる批判的多文化主義の概念を提示した。

　本章では、主要な論点として、とくにリベラル、コーポレート、批判的な多文化主義について検討してきた。リベラルな多文化主義では、メインストリームに取り込まれるにつれ多様性がマネジメントの対象となっていった。コーポレート多文化主義は、多様性が社会に「役に立つ」人材という基準で選択的に捉えられるものとなっていった。公正や平等の視点を欠くこれらの多文化主義を乗り越える概念として、マジョリティ性、文化本質主義、対話の視点から批

判的多文化主義を検討した。さらに、ジャズをメタファーに批判的多文化主義のイメージ化を図り、多文化教育のめざす多文化共生のあり方の方向性について示唆を得た。

　近年は、新自由主義的な考えが広がり、人権意識の希薄化、エスニック・マイノリティ集団の孤立化、文化や考え方の違いによる社会の分断などが進み、社会の分裂が危惧されるような状況を生んでいる。多文化主義は終わったのではなく、多文化主義がまさに求められる時代が到来したのではないだろうか。グローバル化が加速化し、多文化共生の課題が日増しに大きくなるなかで、平等や公正の実現する多文化社会を築いていく批判的な多文化主義の視点をもった多文化市民の育成が課題になっているといえる。

　続く第2章では、批判的多文化主義をもとに、多文化市民を育成する多文化教育を構想していくためのカギとなる「日本人性」の脱構築について検討する。

注
(1) メリット（業績、功績）とクラシー（支配、統治）を組み合わせたイギリスの社会学者ヤング（M. Young）の造語である。メリトクラシーとは、血縁や出自ではなく、個人のもっている能力によって社会的な地位が決まるシステムのことをいう。
(2) 高度外国人材に対するポイント制においては、高度外国人材を「高度学術研究活動」「高度専門・技術活動」「高度経営・管理活動」の3つに分類し、それぞれの特性に応じ、「学歴」「職歴」「年収」などの項目ごとにポイントを設け、合計が一定点数（70点）に達した場合に、出入国在留管理上の優遇措置を与える制度を進めている。2023年4月からはさらに特別高度人材制度（J-Skip）を導入し、別途、学歴または職歴と年収が一定の水準を超えれば「高度専門職」を付与するといった優遇措置の拡充を図り、高度外国人材の受け入れ促進を進めている（出入国管理庁「高度人材ポイント制とは？」https://www.moj.go.jp/isa/publications/materials/newimmiact_3_system_index.html、「特別高度人材制度（J-Skip）」https://www.moj.go.jp/isa/publications/materials/nyuukokukanri01_00009.html　いずれも2023年8月22日最終閲覧）。
(3) 白人性（whiteness）研究とは、1990年代以降、歴史学、社会学、カルチュラル・スタディーズ、文芸批評、法学、教育学など多くの学問領域で展開されてきた、「白人であること」の社会的な意味を問う研究の潮流をいう。その背景には、人種主義が根強く残るとともに、人種問題が深刻さを増すなかで、その根本的な解決には、人種的な偏見やバ

イアスといった個人的な要因だけではなく、白人を中心とした社会の構造や文化を問う必要性が認識されるようになったことがある。白人性研究は、意識されない文化的規範、構造的な特権、自己や他者や社会をみる視点など、歴史的・社会的に構築されてきた白人性の解明とともに、その知見をもとにより人種的に平等で公正な社会の実現をめざしている。詳しくは第3章を参照。

引用・参考文献

塩原良和（2012）『共に生きる――多民族・多文化社会における対話』弘文堂.

塩原良和（2014）「エスニシティと白人性」大澤真幸・塩原良和・橋本努・和田伸一郎『ナショナリズムとグローバリズム――越境と愛国のパラドックス』新曜社、pp.261-265.

JAIST知識科学研究科（2014）『知識社会で活躍しよう』社会評論社.

関根政美（2016）「オーストラリアの外国人労働者と多文化主義――多文化主義後の社会統合？」有田伸・山本かほり・西原和久編『国際移動と移民政策――日韓の事例と多文化主義再考』東信堂、pp.59-69.

橋本英樹編著（2018）『排外主義の国際比較――先進諸国における外国人移民の実態』ミネルヴァ書房.

西川長夫（2006）『〈新〉植民地主義論――グローバル化時代の植民地主義を問う』平凡社.

ジェラール・ブシャール（丹波卓監訳）（2017）『間文化主義（インターカルチュラリズム）――多文化共生の新しい可能性』彩流社.

Glazer, N. (1997) *We are All Multiculturalists Now*, Harvard University Press.

Hebdige, D. (1988) *Hiding in the Night: On Images and Things*, Routledge.

Ladson-Billings, G. (2003) New Directions in Multicultural Education: Complexities, Boundaries, and Critical Race Theory, In Banks, J. & Banks, C. (Ed.), *Handbook of Research on Multicultural Education* (2nd ed.), Jossey-Bass, pp.50-65.

McLaren, P. (1995). White Terror and Oppositional Agency: Towards a Critical Multiculturalism, In Sleeter, C. E. & McLaren, P. L. (Ed.), *Multicultural Education, Critical Pedagogy, and the Politics of Difference*, State University of New York Press, pp.33-70.

第2章

日本人性の問い直しとしての多文化教育
——マジョリティ性の脱構築

はじめに

　グローバル化に伴い国の内外で多文化化が進むなかで、異なる人々とともに生きていくことが重要な課題の一つとなっている。多文化の共生を促すには、マジョリティの意識改革が焦点となるだろう。

　第2章では、「日本人性（日本人であること）」という概念をもとに日本人のマジョリティ性を問い、その脱構築を試みていくための視点を提示する。本書を貫く中心的なテーマである日本人性とは、アメリカの白人性研究から着想を得た概念で、日本人／非日本人の差異のシステムによって形成されるもので、日本人のもつ目に見えない文化実践、自己や他者、社会を見る視点、構造的な特権などから構成されるものをいう（松尾 2005）。マジョリティとしての日本人が、日本人性を意識化してその社会的な意味を問い、自民族中心主義的な見方や考え方を脱中心化していくためにはどうすればよいのだろうか。

　本章は、日本人性を問い直し、マジョリティとしての日本人の意識改革を進めていくための多文化教育のアプローチについて提案することを目的とする。

　具体的には、自明とされる日本人の物語を批判的に検討し、日本人性の概念をもとに私たちのもつ自民族中心主義的な傾向やそれが生み出している不平等な社会構造について考察し、日本人性を問い直すことを通した意識改革の視点を提案する。

1. 日本人の物語と意味の生成

　日本は、北海道、本州、四国、九州の4つの島と7000に近い島々からなる「地理的領域」を意味するだけでなく、一つの「考え（idea）」であり「物語（narrative）」でもある。日本は「想像上の共同体」（アンダーソン 1997）であり、

それが何を意味するかは、日本、日本人、日本文化などをどのように物語るかによっている。

　日本とは何かを物語る場合、日本の姿をすべて語りつくすことはできず、必ず選択という行為が含まれる。選択である以上、ある内容は包摂され、ある内容は排除され、その選択を可能にする視点が必要になってくる。視点が異なれば別のストーリーになるため、語る主体によってさまざまな日本の物語が可能である。

　日本人である私たち自身を表象する日本という物語は、言説として私たちの生活のなかに広く流布している。言説とは、英語ではディスコース（discourse）というが、「あるトピックについてのお話」を意味すると同時に、「あるトピックを理解する仕方」を提供するものでもある。言説にはいくつかのバージョンがあるが、私たちは、それらの選択可能なバージョンのなかからある言説を選択して、話をしたりものごとを理解したりしている。

　一方で、日本という意味の生成というものは、中立的なプロセスではない。だれが表象する力をもつのか、だれの声がメディアで流されるのか、あるいは、だれの声が公となるのかなど、その形成過程には、日本社会の権力関係が大きく影響している。

　すなわち、日本についての言説は、メディアを通して繰り返し発信されながら、ある一つの声へと収束されるヘゲモニー[1]的な力を伴っている。意味生成の過程で、異なったアクセントで語られる日本についての多様なストーリーは、マジョリティの言説実践を通して、一つの公的な言説あるいは常識に回収され、正統化され自然化されていく。こうして、マジョリティの社会的現実を反映した語り口は、一般の人々の同意を得ながら常識として定着していくことになる。

　しかし、こうしたヘゲモニーによる日本の物語の生成は完結したプロジェクトではなく、継続的なプロセスである。そこには、支配的な力に対抗する空間がつねに存在する。常識の形成は、矛盾をはらみ未完成であるため、そうした支配的な言説を語り直す可能性がつねにある。日本をどのように物語るのかについて、語り直しの余地が残されているのである。

　本章では、日本人性という概念を手がかりに、マジョリティの視点から日本

の物語がどのように構築されているのか、そうした日本の物語はいかに脱構築できるのか、さらに、新たな日本の物語としてどう再構築できるのかという視点から、多文化共生を促す教育のあり方について考察したい。

2. 日本人性と自民族中心主義

　日本人性（日本人であること）は、日本をどのように物語るのかによって構築される。私たちがよく耳にする日本についての言説には、例えば、日本は、血統、民族、言語、文化を共有する日本人によって構成されているとする単一民族国家論がある。

　ベフ（1997）によれば、日本文化論における主張を分析すると、日本民族は、「1. 日本列島で数千年を経て形成された。2. 先史以来血を分かち合ってきた。3.（方言の違いこそあれ）同じ日本語を話す。4.（地域差はあれども）基本的には同じ日本文化をインターナライズしている。5.（社会階層、職業、性差による違いは見られるが）同じ社会の原理のもとに行動している」（pp.105-106）といった特徴があるという。これらの主張を図式化すると、日本列島＝日本人種＝日本語＝日本文化＝日本社会といった形で示すことができると述べている。

　さらに、このことは、「6.（先史以来血を分かち合ってきた）日本人以外は、日本語を少なくとも母語としていない。また日本文化を完全にインターナライズしておらず『日本的』社会構造の枠外で生活している」（p.106）ことを意味するという。そこでは、日本人というものが、日本人以外の人々に対する二項対立的な特質によって定義されていることがわかる。

　このような日本人／外国人、国民／非国民の区分がつくられたのは、1899年の国籍法の成立によるという（モーリス＝スズキ 2002）。日本人とそれ以外の人々との血統による差異によって、純粋な日本人が想像・創造されるようになったのである。そこでは、外国人が私たちとは本質的に異なる者としてイメージされることで、日本人との間に越えられない明確な線が引かれることになる。

　一方で、グローバル化が進み、近年では日本についての語り方にも変化がみられるようになっている。例えば、教科書分析の研究成果によれば、平成

6（1994）年度使用の教科書には、「単一民族」の用語が散見されていた。それが、政治家などによる「単一民族国家」発言への批判が強まるなかで、平成12（2000）年度使用の教科書では単一民族の記述はなくなり、日本は単一民族国家ではないと記述する教科書が目立ち始める。平成22（2010）年度使用の教科書では、「多文化」「共生」に関する記述が全般的に多くなってくるという（日本学術会議・地域研究委員会・多文化共生分科会 2014）。

　近年のこうした多様性をめぐる展開をモーリス＝スズキ（2002）は、うわべの多文化主義として「コスメティック・マルチカルチュラリズム」と呼んでいる。多様性への言及は増えたが、ここでいう文化は、①日常の世界とは切り離された審美的なもの、②管理可能な形態や空間に提示されたもの、③外面的な装飾にとどまり既存の制度の構造的改変を迫らないもの、④外見上「異質な」人間においては日本への忠誠心を示すことで許容されるものとされる（p.155）。日本社会において許容される多様性はみかけの表層的なものにとどまっており、その基本的な関係や構造を変えるものではないものとされる。

　すなわち、日本の物語の中心には日本人が位置づいており、日本人／外国人の境界が明確に引かれていることに変化はみられない。国籍法の成立当時の状況のもとで創設された血統主義の国籍の考え方は、1899年体制として今日にも引き継がれているのである。例えば、下地ローレンス（2018）は、「混血」や「ハーフ」の言説や生活経験の分析を通して、日本人と外国人のカテゴリーは、自然であたりまえなものとして社会に定着してしまっており、日常生活のなかで生きられていることを明らかにしている。日本人中心の物語は、そのストーリーに包含されない人々の生きづらさをつくり出しているといえる。

　以上のように、近年の外国人の増加といった国内の多文化化の状況や単一民族国家論に対する批判のなかで、日本をめぐる物語の変容が認められる一方で、多様な文化についての言及は表層的な程度にとどまり、日本人と非日本人の本質的な境界線が引かれる日本人像の基本的な構造には大きな変化はみられないのである。

3. 日本人性と不平等な社会構造

　日本人性（日本人であること）は、日本人／非日本人の差異のシステムによって形成されてきたものである。日本人についていかに定義しどのように物語るのかをめぐっての支配的な言説は、国民のアイデンティティを醸成する文化ナショナリズム[2]などを通して次第に社会の常識となっていく。常識となった日本人性は、日本社会における文化的な標準、ものの見方や考え方、構造的な特権として機能することになる。

　日本人性（日本人であること）は第一に、目に見えない日本文化をもつことを意味する。日本人であることは、空気のように毎日の生活のなかで意識されることはほとんどない。日本人であることが、人間一般と同様に捉えられ、普遍でありすべてであるとみなされる。エスニック集団の文化が特有な中身をもつものと捉えられるのに対し、日本文化は空気のように可視化されず実体のない存在となる。

　第二に、日本人であることは、自分や他者、社会をみる視点をもつことを意味する。日本社会において、何がふつうで、価値があるのかは、不可視な「日本人」の基準により決定されることになる。この意識にのぼらない日本人としてのまなざしは、マジョリティの自民族中心主義的なパースペクティブを形成することになる。

　第三に、日本人であることは、日本社会において構造的な特権をもつことを意味する。それは、日本人がマジョリティとしての力を行使するというよりは、可視化されない日本文化の実践が暗黙の了解の形でスタンダードとされることからくる。ふつうとみなされる日本人の経験、価値、生活様式は、外国人にも当然のこととして同様に適用される。あるべき常識として正統化された日本社会のルールや規範は、知らず知らずのうちに、日本人と外国人の間で、就労、居住、医療、教育、福祉等の社会の諸領域において構造的な特権として機能する。

　このように、日本人にとって、ふつうで当然であることのなかに、日本人の自民族中心主義的な文化実践やパースペクティブが刷り込まれているといえ

る。スタンダードとしての日本人像は、メディアで消費され、イメージが定着し、次第に社会の常識となっていく。支配的な言説となった日本、日本人、日本文化についての物語は、私たちや他者、社会の理解の仕方を基礎づけていく。

　一方で、単純化され標準化された日本人のモデルでは語れない日本人や日本に在住する人々も少なくない。現実の日本社会は、日本民族だけではなく、外国人、アイヌ民族、琉球民族などのエスニックグループを含んでいる。地理的には、日本の境界は、19世紀までは蝦夷や琉球を含むものではなかったし、1894年から1945年までの期間には、台湾、朝鮮、満州などの植民地を有していた。地理的・時代的な変遷に伴い、アイヌ民族や琉球民族は日本人となり、植民地の人々も法律上は日本人であった時代があり、戦後には、在日コリアンや在日中国人として日本にとどまった人々もいる。あるいは、新天地を求めて北米や南米に移民として移住した日本人もいる。近年では、日本に在住する外国人の数も大きく増加し、在日の外国人のなかには帰化する者も増えており、また、国際結婚により日本国籍を取得する者も大きく増加している。

　したがって、日本＝日本人＝日本文化といった典型的な日本の物語に包含されない日本人や日本に在住する相当数の人々が日本社会には存住しているのである。日本人像のモデルの外に位置する外国人やスタンダードにあてはまらない日本人が日本社会で生きていくには、前述したような目に見えない文化的な基準、日本人のまなざし、構造的な特権にマイノリティとして対峙しなければならない。日本の物語に包含されない人々は、日本社会において居場所を得ることが困難な場合も多く、生きづらさを経験することになるのである。

　他方で、日本人であることは、マジョリティの日本人にとって、あたりまえのことであり、ふつうのことであるため、通常は認識されることはない。こうした文化実践、見方やまなざし、構造的な特権は、私たちが空気の存在を意識しないように、気づかれることのないまま日常生活のなかに存在し経験されていく。そのため、自らの生活経験と異なるマイノリティの視点や生きづらさは気づかれにくく、外国人やスタンダードではない日本人の声は、日本社会の基準に合わないものとして知らないうちに排除されてしまう傾向にある。

　こうした日本人と日本人以外の者との境界線は、きわめて高い壁をつくり出

している。単純化・標準化されて定義される日本人の物語は、日本といった実体があるとする本質主義に基づいている。客観的な真実としての日本の姿があるとするように、文化を実体として捉えることを文化本質主義というが、このような見方は、集団間に越えられない境界をつくり出してしまう。日本人と日本人以外の者は本質的に異なっているため、相互理解は難しい存在として認識されてしまうのである。

　こうして、常識とされる日本の物語を通して、現在の日本人／非日本人の社会秩序や構造的な特権が維持され存続されていくのである。

4. 日本人性を問い直す教育のアプローチに向けて

　では、多文化共生の実現をめざすには、日本人性をめぐりどのような教育のアプローチが求められるのだろうか。

　学校での学びを通して、日本人というマジョリティ性への気づきを促し、日本人性を問い直していく視点を培っていくことが求められるだろう。これまで、日本人の中心は隠されており、マジョリティの日本人についてはあまり問われてこなかった。しかしそこには、前述のように不平等な社会構造を形成するマジョリティの視点が隠されているのである。したがって、日本人という中心に目を向け、日本人であることがどのように物語られているのかを明らかにしていく必要があるだろう。さらに、支配的な日本の言説のもとで沈黙してきた多様な声を掘り起こすとともに、新しい多文化な日本の物語をつくっていくことが課題となっているといえる。

　では、日本人性を問い直すためにどのようなアプローチをしていけばよいのだろうか。ここでは、(1) 日本の物語の脱神話化と日本人性への気づき、(2) 多様な物語の掘り起こしと多様性の理解、(3) 新しい多文化な日本の物語の語り直し、の3つの枠組みについて検討を加えたい。

(1) 日本の物語の脱神話化と日本人性への気づき

　第一に、教科書や資料を批判的に検討することを通して、「日本」という物語が社会的に構築されたものであることを理解させ、日本人性への気づきに導

く授業づくりが考えられるだろう。

　日本の物語においては、日本人の血統をもち、日本語を話し、日本文化を共有する、日本＝日本文化＝日本人といった標準化された日本人像が根強く残っている。そのため、日本を多文化に開いていく授業をデザインするにあたっては、常識として信じられている日本の言説が社会的に構築されたものであることを露わにし、脱神話化していく批判的なアプローチをとることが考えられる。例えば、以下のような日本の物語をめぐる神話性や妥当性について、事実をもとに生徒に検討させる授業づくりが考えられるだろう。

・日本人の血統や固有の文化を強調する単一民族国家論が根強く残っているが、実際には、日本はこれまでも多文化社会であり、ハイブリッド[3]な人々や文化により構成されてきた。例えば、古代には、朝鮮半島や中国から渡来してきた人々が居住していたし、中国や韓国との国を越えた交流は頻繁にあり、とくに中国から渡来した制度や文化は、日本の社会や文化に多大な影響を与えてきた。こうした歴史的な事実を検討することで、日本人の血統の純粋性や固有の日本文化といった物語は幻想であることに気づかせることができる。
・日本＝日本文化＝日本人といった支配的な言説があるが、実際には「日本」の境界をどう考えるかは、時代とともに変化してきている。小熊（1995）によれば、日本、東洋、西洋の3項を考えた場合、日本は、「脱亜」か「興亜」かの間を揺れ動いているという。日本は「東洋」であると同時に「西洋」でもあるという両義性を帯びた言説が存在する。戦前は朝鮮、台湾、満州へと領土を拡張したが、優越感と劣等感、先進意識と後進意識、支配者意識と被害者意識が複雑に混じり合いながら、歴史的には一貫して自己の利益の視点から境界が引かれ日本の物語が語られてきたという。こうした歴史的な事実を学ぶことで、日本、日本文化、日本人の境界は必ずしも固定したものではなく、時代の状況のなかで揺れ動いていることに気づかせることができる。
・長い歴史をもつと思われる日本の物語は、実際には、近代において民族の独自性が問われた時期に新たにつくられた風俗や習慣であることが多い（鈴木2005）。例えば、明治政府は、近代化を急ぐなかで国民文化を創造する文化ナショナリズムを推進していった。その一つとして、1872年に太陰暦を太

陽暦に改め暦の西欧化を行う際に、日本の神話の神武天皇が即位したとされる年をもって紀元元年とすることを決めている。すなわち、そこで天皇中心の歴史観がつくられたのである。明治時代に国民としてのアイデンティティを形成する必要性から「伝統の創造」(4)が行われた事実より、日本の物語の社会的な構築性に気づかせることができる。

- 江戸時代には、民衆レベルでは日本人という国民の意識はなかった（大澤 2014, pp.128-129）。それが、大多数の日本人が国民であると意識するようになったのは日清戦争（1894～1895年）から日露戦争（1904～1905年）にかけての時期であるという。8割以上の民衆が徴兵から逃れようとしていた明治初期とは違い、日清戦争を契機に戦死を名誉とみなすようになった。日露戦争では多大な犠牲にもかかわらず賠償金が少なかったということで一般の人々の怒りが政府に向けられることが起こるなど、国民の戦争といった意識が生まれるようになった。この時期に形成されたという事実から、日本人としての意識は昔からあるものではなく、つくられたものであることに気づかせることができる。

- 日本は血統、民族、文化を共有するという単一民族国家論もまた、事実ではなく比較的最近につくられた神話といえる。戦後の復興、それに続く高度経済成長の時代に、急激に変化する日本社会において、国民的なアイデンティティが揺らぐなかで、単一民族国家論は、社会的につくられることになる。とくに1970年代から1980年代にかけて、日本文化論が盛んになったが、日本企業が力を取り戻し、さらに世界へと進出していくなかで、純粋で本質的な日本人像といったものが構築されていったのである。こうした単一民族国家論が戦後に「伝統の創造」により生み出されたという事実を学ぶことで、常識としての日本の物語の神話性に気づかせることができる。

　以上のような視点に立ち、教科書や資料の読み取りなどを通して、一般に信じられている日本の物語は、歴史的な事実とは必ずしも一致しておらず、文化ナショナリズムのもとで比較的最近に「伝統の創造」の形で社会的につくられたものであることを明らかにする授業づくりが考えられるだろう。批判的に分析する力、地理的・時間的認識を育みながら、日本／非日本人の物語の構造は

現実とは乖離しているという事実をもとに、日本人であることを問い直していくのである。日本人性の存在に気づき、根強く残る単一民族国家論を脱神話化していくことで、多文化社会としての日本社会の現実を直視していく視野を育てることが課題となっているといえる。

(2) 多様な物語の掘り起こしと多様性の理解

　第二に、日本人性のためにこれまで沈黙させられてきたマイノリティの多様な物語を掘り起こすことで多様性の理解を促していく授業づくりが考えられる。

　マイノリティの声（voice）は、自明とされるマジョリティの基準から、重要でない、常識に合わないものとして周縁化されてきた。忘却されこれまで聞かれなかった数々の物語に耳を傾け、それらの声を回復していくアプローチをとることが考えられる。例えば、以下に取り上げたマイノリティが経験してきた物語を学ぶことで、日本の多様性を理解させる授業づくりが考えられるだろう。

・日本に在住しているが日本国籍をもたないマイノリティの物語がある。かつては国籍をもっていた在日コリアンや在日中国人といったオールドカマーに加え、外国人労働者をはじめとするニューカマーの外国人の流入も著しく、日系南米人やその他の外国人の定住化も進んでいる。一方で、これらの外国人は、日本国籍がないため、日本社会に在住していても国民や市民とはみなされず、納税の義務は求められるが、参政権などの市民権は認められていない状況にある。在日の外国人の物語は、日本社会を構成する市民として広く知られる必要があるだろう。

・日本国籍はあるが単一民族イデオロギーのもとで声をもたなかったマイノリティの物語がある。同化政策の対象とされてきたアイヌ民族、琉球民族、さまざまな理由で日本に帰化することを選択した文化的に異なる日本人、あるいは、国際結婚により日本国籍を得た日本人など、支配的な言説から排除されてきた日本人の多様な物語も聞かれる必要があるだろう。

・その他、さまざまな背景をもった日本人の物語がある。例えば、海外で生まれ育った異なる言語や文化を身に付けた日本人、国際結婚等により生まれたハーフやダブルと呼ばれる日本人、北米や南米へ移民として渡った日本人、

日本統治時代の植民地で二級市民として扱われた日本人など、スタンダード
の物語には適合しない日本の内外で生きてきた日本人の経験も語られる必要
があるだろう。

　日本社会は、現実には、多様な人々によって構成されており、また、国の内
外で日本人は生きていて、さまざまな歴史や経験、文化が混在し、多種多様な
物語が存在している。にもかかわらず、前述したような日本の内外に生きる多
様な人々の存在は気づかれにくく、語られることは少なかった。日本＝日本文
化＝日本人といった標準とされる日本の物語から逸脱しているために排除され
てきたマイノリティの声を掘り起こし、これまで語られてこなかった多様な日
本社会の市民や国内外の日本人についても学んでいくことが課題となっている
のである。

(3) 新しい多文化な日本の物語の語り直し

　第三に、マジョリティの物語の構築性を露わにし、多様な物語を掘り起こす
とともに、多文化という新しい日本の物語を想像・創造していく授業づくりが
考えられる。
　マイノリティの視点から日本の物語を語り直したり、諸集団の関係やつなが
りとして新しい日本の姿をイメージしたり、ハイブリッドで多文化の日本を思
い描いたりするようなアプローチをとることが考えられる。例えば、以下のよ
うな新しい多文化な日本を想像・創造する授業づくりが考えられるだろう。

・マイノリティの視点から日本の物語を語り直すアプローチが考えられる。例
　えば、下地ローレンス（2018）は、戦後日本社会において「ハーフ」や「混
　血」の言説やイメージが「日本人」「外国人」のカテゴリーと表裏一体の形
　でどのようにつくられていったのかについて検討している。また、インタ
　ビュー分析を通して、「ハーフ」であることが、「日本人」と「外国人」の狭
　間でどのように生きられているのかを明らかにしている。このように、マイ
　ノリティのレンズを通して、マジョリティとの関係のなかで形成されるマイ
　ノリティとしての日本人の新たな物語を描いていくことができる。

・多文化社会としての日本の物語を描くアプローチが考えられる。例えば、○○系日本人といった名称を使用することが試みられている（駒井 2016）。「○○系」はエスニックな出自を表し、「日本人」は国籍や市民権といった国家のシビックな共通性を示すものである。駒井（2016）では、コリア系日本人、中国系日本人、フィリピン系日本人、ベトナム系日本人、ロシア系日本人などが検討されているが、○○系日本人といった用語を使用することで、日本民族とエスニックグループから構成される多文化社会としての日本を明快にイメージしていくことが可能になる。

・ハイブリッドな日本文化という物語をつくるアプローチが考えられる。例えば、日本の物語は、明治時代に西洋からの影響によって一夜にして変わったような支配的な言説があるが、実際には、東アジア、とくに中国との関係が深いといえる（Befu 2009, p.26）。古代には、政治の制度、仏教信仰、表記体系、芸術や建築など、中国の文化が韓国を経由して渡来し、日本の社会や文化に大きな変革をもたらしている。また、4〜19世紀にわたって、継続して中国から大きな影響を受けている。このような中国との分かちがたい関係をもとにハイブリッドな日本人や日本文化という物語を構想することができる。

・地域的な多様性から日本の物語を語り直すアプローチが考えられる。例えば、日本の支配的な言説では日本の同質性や共通性が強調されるが、実際には日本には地域に特有の豊かな文化が存在している（Befu 2009, p.26）。日本人すべてに共通する標準語、共通語としての日本語が重視され、方言といった地方の言語的な差異は無視されてきた。同様に、一枚岩としての日本が強調される一方で、地域的な日常生活パターン、建築のスタイル、衣服、儀式、食べ物などの文化の多様性には注意が十分に払われてこなかった。こうしたこれまで見過ごされてきた地方の多様性の視点から新たな多文化の日本の物語を再構築することが考えられる。

　上述した事例のように、日本、日本人、日本文化のなかに多文化を発見して、支配的な日本の物語を語り直していく授業づくりが考えられる。マイノリティ、多文化やハイブリティティ、関係やつながり、日本のなかの多様性などの視点から、多文化な日本の物語を語り直し、新たな日本の物語を想像・創造してい

く授業のデザインが構想できるのである。

おわりに

　多文化教育とは、マイノリティの視点に立ち、社会的な公正の立場から多文化社会における多様な民族あるいは文化集団の共存・共生をめざす教育理念であり、その実現に向けた教育実践であり教育改革運動でもある（松尾 2013）。では、日本人性の問い直しについてのこれまでの検討から示唆される多文化教育の枠組みとはどのようなものだろうか。

　まず、日本社会の多文化化が進むなかで、多文化共生の実現をめざす多文化教育においては、マジョリティである日本人の意識改革が中心的な課題となるだろう。

　日本人性（日本人であること）は、日本＝日本人＝日本文化といった支配的な言説のもとで、目に見えない文化実践、自己や他者、社会を見る視点、構造的な特権として機能している。一方で、日本社会に生きる外国人あるいはスタンダードには沿わない日本人は、マジョリティ中心の日本の物語には存在していないかのように扱われ、マイノリティとして自らを表象する機会をもっていなかった。したがって、日本人のマジョリティ性を問い、日本人であることの社会的な意味を問い直して、マジョリティとしての自民族中心主義からなる日本社会を多文化に開いていくことが課題となるといえる。

　そのためには、多文化教育の枠組みとして、4節で検討したように、(1) 日本の物語の脱神話化と日本人性への気づき、(2) 多様な物語の掘り起こしと多様性の理解、(3) 新しい多文化な日本の物語の語り直しが重要な柱となるだろう。

　すなわち、第一に、文化ナショナリズムのもとで比較的最近につくられた日本＝日本文化＝日本人といった物語を批判的に読み解き、脱神話化する実践を進めていくことが挙げられる。社会的につくられている日本人性のありようを考察することで、日本人／非日本人によって構造化され本質化された日本の物語のなかに自民族中心主義的な視点があることに気づかせることを試みていくのである。

第二に、マイノリティの物語を掘り起こし、多様性を理解する実践を進めていくことが挙げられる。標準化された日本人のモデルでは語れない日本人や日本に在住する人々、日本民族だけではなく、在日の外国人、アイヌ民族、琉球民族などのエスニックグループ、国際結婚や帰化により日本国籍を有する者、その他、スタンダードの日本人の言説にあてはまらない人々の物語を知ることを通して日本の多様性を学ぶことを試みていくのである。

　第三に、新しい多文化な日本の語り直しを進めていくことが挙げられる。マイノリティの視点から日本をみたり、関係とつながりの視点からのハイブリッドな日本を想像したり、多文化な日本の物語を構想したりして、新たな日本の物語を想像・創造することを試みていくのである。マジョリティのバージョンではない、インクルーシブで多様な日本の物語のあり方を共創していくのである。

　多文化共生社会をめざすには、日本人のマジョリティとしての意識改革が主要な課題の一つといえるだろう。日本人性（日本人であること）は、私たちのものの見方や考え方、文化実践を形成し、構造的な特権として、日常生活のなかで現実の体験として生きられている。したがって、マジョリティとして日本人の自民族中心主義を克服しつつ、マイノリティの多様な物語に耳を傾けていくと同時に、多文化社会という日本の新しい物語を想像・創造していく必要があるだろう。文化的な差異にかかわらずだれもがありのままに生きていける社会を築いていくためにも、日本という支配的な言説によってつくられてきた日本社会の不平等な構造に向き合い、多文化な日本人という新しい物語として語り直していく実践が今求められているのである。

　続く第3章では、日本人性の概念を手がかりにしながら、多文化教育で培うことが求められる資質・能力について検討する。

注
(1) ヘゲモニー（hegemony）は、イタリアの思想家グラムシ（A. Gramsci）によって理論化された概念で、文化的な支配が、上からの一方的な権力の行使ではなく、従属する集団の合意を獲得することで達成される過程をいう。それは、支配的な言説が、継続的な交渉を通しながら、常識（common sense）として形成される過程である。

(2) 文化ナショナリズムは、国家の文化的アイデンティティが不安定である時期に、民族に共通する歴史や文化などを創造したり強化したりすることをめざす政策や活動のことをいう。

(3) ハイブリディティ（hybridity）は、文芸批評のポスト植民地主義理論のなかで注目されている概念である。近代主義のなかでは、雑種であること、混じっていることは否定的に捉えられることが多かったが、ポスト構造主義の理論的な展開のなかで、ハイブリディティは、自己／他者といったような二項対立的な構造を克服する可能性をもった肯定的な概念として捉え直されてきている。

(4) 伝統の創造（invention of tradition）とは、古くから続いていると信じている伝統は、その多くが比較的最近に創られたものであるとする概念である。急激な社会的変化を経験した近代化のなかで、民族の連続性や独自性を示すために、伝統が創造され、国民文化の形成が促されてきたのである。

引用・参考文献

青木香代子（2018）「海外日本語教師アシスタント実習プログラムにおける異文化間能力——日本人性に着目して」異文化間教育学会編『異文化間教育』第47号、pp.35-49.

ベネディクト・アンダーソン（白石さや・白石隆訳）（1997）『増補 想像の共同体——ナショナリズムの起源と流行』NTT出版.

大澤真幸（2014）「日本のナショナリズム」大澤真幸・塩原良和・橋本努・和田伸一郎『ナショナリズムとグローバリズム——越境と愛国のパラドックス』新曜社、pp.124-133.

小熊英二（1995）『単一民族神話の起源——〈日本人〉の自画像の系譜』新曜社.

駒井洋監修（2016）『マルチ・エスニック・ジャパニーズ——○○系日本人の変革力』明石書店.

坂本光代編（2021）『多様性を再考する——マジョリティに向けた多文化教育』上智大学出版.

塩原良和（2012）『共に生きる——多民族・多文化社会における対話』弘文堂.

塩原良和（2014）「エスニシティと白人性」大澤真幸・塩原良和・橋本努・和田伸一郎『ナショナリズムとグローバリズム——越境と愛国のパラドックス』新曜社、pp.261-265.

下地ローレンス吉孝（2018）『「混血」と「日本人」——ハーフ・ダブル・ミックスの社会史』青土社.

鈴木貞美（2005）『日本の文化ナショナリズム』平凡社新書.

日本学術会議・地域研究委員会・多文化共生分科会（2014）「提言 教育における多文化共生（案）」http://www.scj.go.jp/ja/member/iinkai/kanji/pdf22/siryo195-5-13.pdf（2023年1月11日最終閲覧）.

ハルミ・ベフ（1997）『増補新版 イデオロギーとしての日本文化論』思想の科学社.

松尾知明（1996）「多様な文化を教師はどのようにとらえればよいか」加藤幸次編『国際化時代に求められる資質・能力と指導』教育開発研究所、pp.86-89.

松尾知明（2005）「『ホワイトネス研究』と『日本人性』——異文化間教育研究への新しい視座」異文化間教育学会編『異文化間教育』第22号、pp.15-26.

松尾知明（2010）「問い直される日本人性——白人性研究を手がかりに」渡戸一郎・井沢泰樹編著『多民族化社会・日本——〈多文化共生〉の社会的リアリティを問い直す』明石書店、pp.191-209.

松尾知明（2013）「日本における多文化教育の構築——教育のユニバーサルデザインに向けて」松尾知明編著『多文化教育をデザインする——移民時代のモデル構築』勁草書房、pp.3-24.

松尾知明（2019）「多文化教育と日本人性——異文化間能力の育成に向けて」『法政大学キャリアデザイン学部紀要』第16巻、pp.103-113.

松尾知明（2020）『「移民時代」の多文化共生論——想像力・創造力を育む14のレッスン』明石書店。

松尾知明（2021）「異文化間能力とグローバル体験学習プログラム——キャリア体験学習（国際・台湾）を事例として」『法政大学キャリアデザイン学部紀要』第18巻、pp.3-14.

テッサ・モーリス＝スズキ（2002）『批判的想像力のために——グローバル化時代の日本』平凡社.

吉野耕作（1997）『文化ナショナリズムの社会学——現代日本のアイデンティティの行方』名古屋大学出版会.

Befu, H. (2009) Concepts of Japan, Japanese Culture and the Japanese, In Sugimoto, Y. (Ed.), *The Cambridge Companion to Modern Japanese Culture*, Cambridge University Press, pp.21-37.

Kawai, Y. (2020) *A Transnational Critique of Japaneseness: Cultural Nationalism, Racism, and Multiculturalism in Japan*, Lexington Books.

Takahashi, F. (2020) Japaneseness in Immigrant Education: Toward Culturally Responsive Teaching in Japan, *Educational Studies in Japan (14)*, pp.15-27.

原点に回帰する多文化教育からの示唆
──多文化市民としての資質・能力

はじめに

　多文化化が著しく進んでいる日本社会において、多様な構成員がジャズの
ハーモニーを奏でることができるようになるためには、どのような多文化社会
の市民としての資質・能力を育てていけばよいのだろうか。

　ここでは、アメリカにおける多文化教育をめぐる近年の動向を手がかりに検
討したい。多文化教育では、白人性という概念に着目し、公民権運動を背景と
して生まれた原点に回帰して、不平等な社会構造を問い、制度的な人種主義の
変革をめざそうとする動きがみられる。

　第3章では、こうしたアメリカにおける多文化教育の近年の展開をもとに、
日本において多文化共生を実現していくにはどのような多文化市民としての資
質・能力の涵養が求められるのかについて検討することを目的とする。

　具体的には、アメリカにおける多文化教育の展開と課題を概観し、白人性へ
の問いを契機に再び注目を集めるようになった社会的不平等や公正の問題を考
察した上で、マイノリティの視点から多文化の共生に向けて育成することが求
められる多文化市民としての資質・能力について提案したい。

1. 多文化教育の展開と課題

　多文化教育とは、マイノリティの視点に立ち、社会的公正の立場から多文
化社会における多様な人種・民族あるいは文化集団の共存・共生をめざす教
育理念であり、その実現に向けた教育実践であり教育改革運動でもある（松尾
2013）。公民権運動を背景に生まれた多文化教育は、独自の文化を捨て主流文
化へ溶け込むことを強いる同化主義に対抗して、文化の多様性を価値ある資源
として尊重する文化多元主義あるいは多文化主義に理論的基礎を置き、さまざ

まな文化を理解し尊重することを通した多様性の統合を追究してきたといえる。

　多文化教育は黒人運動を背景に誕生したこともあり、当初は人種主義（racism）による不平等な社会構造を変革する教育改革運動という性格をもっていた。すなわち、分離教育はアメリカ合衆国憲法に違反するとしたブラウン判決を契機に高揚した、アラバマ州モントゴメリー市のバスボイコット運動、南部の都市で急速に広がった座り込み運動、さらに1963年のワシントン大行進など、完全な市民権と差別廃止をめざした公民権運動の延長線上に、多文化教育の成立はあったといえる。

　しかし、この社会変革への指向は、1970年代に多文化教育が大きな発展を遂げ制度化される過程で、主流集団の言説に囲い込まれ、次第に脱政治化されていった。すなわち、多文化教育は、70年代のリベラルな社会思潮のなかで、大きく発展を遂げていくことになる。例えば、「一つのモデルでアメリカ人を語ることはできない（No One Model American）」という多文化教育に関する政策声明を出した全米教員養成大学協会（American Association of Colleges for Teacher Education、略称AACTE）（1973年）、多民族教育カリキュラム・ガイドラインを開発した全米社会科協議会（National Council for the Social Studies、略称NCSS）（1976年）、多文化教育に関する政策声明を表明した学校経営とカリキュラム開発協会（Association for Supervision and Curriculum Development、略称ASCD）（1977年）、多文化教育を教師教育スタンダードへ導入した全米教師教育資格認定協議会（National Council for Accreditation of teacher Education、略称NCATE）（1979年）など、教育諸専門団体に支持されながら大きく進展することになるのである。

　多文化教育の制度化が大きく進んだ一方で、多文化教育は、大多数を占める白人の教師によって実践が進められるようになった。その過程で、マイノリティの視点に立ち、不平等な社会構造の変革を指向するような当初の教育実践は失われていくようになる。それに代わって、文化の多様性の理解や尊重に焦点があてられるようになり、3Fと揶揄されるような食べ物、民族衣装、祭りなど、異なるエキゾチックな文化を表面的に理解するようなアプローチが主流になっていったのである[1]。

　それが、1990年代になると、ポスト構造主義や批判理論の影響を受けて、

多文化教育の研究や実践では、文化を本質主義的に捉えるようなアプローチは批判され、人種主義や不平等な社会構造の問題が議論されるようになっていく。いったんは脱政治化された多文化教育ではあったが、公民権運動を背景として生まれた原点に回帰するような動向がみられるようになったのである。こうした新しい動きが展開するなかで、アメリカにおける人種関係を問うキー概念として、「白人性（whiteness）」が注目されることになった。

2. 白人性と多文化教育

(1) 白人性研究の背景

では、1990年代という時期に、どのような理由で、白人であることの社会的な意味を問う白人性研究といった新しい研究の潮流が登場することになったのだろうか。

白人性は、1990年代以降のアメリカにおいて、歴史学、社会学、カルチュラル・スタディーズ、文芸批評、法学、教育学など多くの学問領域で注目を集めるようになった概念である。白人性とは、白人／非白人の差異のシステムによって形づくられるもので、白人が自己・他者・社会をみる視点、無徴で（unmarked）名前のない（unnamed）文化的な実践、人種的な特権という構造的に優位をなす位置などから構成されているものをいう（Frankenberg 1993）。白人性研究は、人種関係の中心に「白人であること」を位置づけ、白人というカテゴリーがどのように社会的に構築され、いかに機能するのかを解明することをめざすものといえる。

白人性が問われるようになった背景には、一つには、アメリカ社会において人種主義は根強く残っており、むしろその深刻さを増しているという社会状況があった。例えば、黒人やヒスパニック系など特定の人種に偏向した警察によるレイシャルプロファイリングやイスラム教徒に向けられた偏見・差別など、人種的な対立や軋轢はなくなるどころか深刻な状況が続いていた。そのため、人種問題を一部の偏見をもった個人の問題としてではなく、白人全体に関わる不平等な社会構造の問題として捉え直す必要に迫られたのである。

もう一つの背景には、ポスト構造主義の考え方が浸透するなか、人種概念と

いうものが再考され、その社会的な構築性を問う新たな視座が生まれたことがあった。ものごとには本質があると考える本質主義は批判されるようになり、人種を本質的な実体をもつものではなく、社会的に構築されたものとして捉える見方が広がっていったのである。こうした言語論的な転回を背景に、白人性の社会的意味を構築主義の視点から分析するといった研究アプローチが提案されるようになったのである。

　このような人種問題を抱える社会状況や構築主義への理論的な転回を背景に、白人であることを問う白人性研究は大きな発展をみせることになった。白人性研究では、白人という人種的カテゴリーが、どのように生成され、変容し、機能してきたかを明らかにする通時的研究、白人性がメディア、その他の諸制度や日常の生活のなかで、いかに機能し生きられ、どんな社会構造を形成しているのかを明らかにする共時的研究、さらに、これらの知見をもとに、人種的により平等な社会をめざして、白人性を問い直していこうという提案などが展開している。こうして白人性研究は、人種やエスニシティへの新しい研究アプローチとなっていったのである。

(2) 白人性と批判的人種理論

　多文化教育において、白人性への問いは、批判的人種理論の導入という形で展開した。批判的人種理論は、多様性の概念や不平等な社会構造についての伝統的なアプローチに挑戦して、人種の理論や概念の活用を試みようという法学の研究から生まれたものである。

　アメリカ社会においてはメリトクラシーが機能しており、肌の色の違いによる差異はもはや社会的に意味をもたないとする「カラー・ブラインド」の考えが白人の主流集団の間では支配的であった。この考えに立てば、人種主義は人種偏見をもち差別的な言動をする少数の個人の問題であり、大多数の白人にとっては関係のないことになる。

　これに対して、批判的人種理論は、人種による違いは社会的に決定的な意味をもつとする「カラー・コンシャス」の立場から、人種主義はアメリカ社会のなかにノーマルに存在するという前提に立つ。すなわち、白人であることは自然であたりまえのこととして生きられているが、この歴史的・社会的に構

築されている白人性こそが人種主義を支え社会の階層構造を形成していると考える。したがって、この理論においては、人種主義は、偏見やステレオタイプをもつ特定の個人の問題ではなく、人種をめぐる人々の一般的な意識や常識によって生み出されるもので、アメリカ市民全体の問題として捉え直そうとするのである。

批判的人種理論は、1970年代半ばに、リベラルな公民権運動のもとで遅々として進まない改革に業を煮やしたベル（D. Bell）やフリーマン（A. Freeman）などの法学研究者の間で提案され、1990年代の中ごろまでには法学の主要な論文や単行本として数多くの出版物が出るまでに発展した（Ladson-Billings 2009）。

教育においては、人種概念の理論化の必要性を感じたラドソン-ビリングズ（G. Ladson-Billings）らによって紹介され、1990年代の終わりには多文化教育のなかでも浸透していった。学術雑誌においても、1998年には *International Journal of Qualitative Studies in Education* で、2002年には、*Qualitative Inquiry* および *Equity and Excellence in Education* などにおいて批判的人種理論の特集が組まれるまでに成長している。

批判的人種理論では、白人性の問題、すなわち、アメリカ社会において白人の社会的意味が、意識化されない文化的な規範や構造的な特権として、いかに社会的に構築され機能しているのかについての解明がめざされてきたといえる。

3. 社会的不平等と多文化教育

(1) 批判的人種理論と多文化教育

では、批判的人種理論を取り入れることで、多文化教育では、アメリカ社会における教育の不平等の問題にどのように切り込んでいるのだろうか。

批判的人種理論によれば、白人性は、アメリカにおいて所有の権利と結びつきながら歴史的に構築されてきたという。すなわち、だれが白人に含まれるかという白人の定義については歴史的に変化してきている。その一方で、白人性というものは、白人がアメリカに渡り先住民の土地を収奪して以来、人権ではなく所有権とつねに結びついてきた。白人であることが所有を許される資格をもつものとして一貫して意味づけられ、実践されてきたことを、批判的人種理

論に基づく研究は実証的に明らかにしてきたのである。

　批判的人種理論の教育への援用を試みているラドソン-ビリングズらは、次のような3つの基本的な考え方を提示している（Ladson-Billings 2021, Ladson-Billings & Tate 1995）。それらは、①人種はアメリカにおいて不平等を決定する際に重要な要因であり続けている、②アメリカ社会は所有権に基づいている、③人種と所有権の交差は社会的（結果として、学校の）不平等を理解する分析的な道具となる、である。

　教育のなかの不平等をみると、白人性と所有権（知的所有権も含む）とが結びつき、白人の持てる者が最もすぐれた教育を受ける機会にアクセスする特権を享受している。教育費が固定資産税に基づくアメリカでは、白人と人種的マイノリティの居住パターンの違いにより、学校の施設・設備の面で著しい格差を生んでいる。大都市の豊かな地域では、1人あたりの教育費が1万ドルを超えるような学校区がある一方で、人種的なマイノリティの集住する貧しい地域では学校の施設は劣悪な状況にあり、十分な教員を雇用できないようなところもある。

　人種間の格差はまた、そこで学ばれる教育内容といった知的所有権にも及んでいる。学校で教えられる公的知識（official knowledge）は、客観的で政治的に中立とみなされがちであるが、現在の社会秩序を維持する白人の主流集団の文化に偏向する傾向にある。その内容の編成を決定する地位にいるのは主流の白人集団である場合が多く、意図的というよりは無意識に当然なこととして西洋中心主義的で社会秩序を保守する内容が選ばれてしまうのである。

　さらに、教育の質は生徒が選択する学校やコースに依存している。すなわち、豊かな地域の学校に通う主流の白人の子どもは一般に、選択の幅が広く豊かで挑戦的なカリキュラムや指導を経験することができる。一方で、貧しい地域の学校に通う貧しい有色の子どもは、選択の余地のない基礎的なカリキュラムで記憶中心のドリル学習に終始しがちになるのである。

　教育評価についても、人種間に教育機会の不平等があるなかで、教育条件を改善することなく標準テストによる評定を下す現行のやり方は、文化資本をもつ主流集団に優位に機能している。こうした格差は、教室の資源、テクノロジー、教師の力量など、教育の質に関わるさまざまな領域に浸透しているので

ある。

このような白人性の生み出す文化実践は、所有権と結びつきながら教育のさまざまな領域において人種間の格差をつくり出しているといえる。批判的人種理論は、学校の予算配分や人種隔離だけではなく、教育の目標、内容、方法、評価など、現在の学校教育で行われている教育実践の全体を広く分析し批評する新しい方法を提案するものであった。

スリーター（C. E. Sleeter）らによれば、批判的人種理論が多文化教育に示唆する点として、①人種について理論化をすると同時に、人種主義、階級主義、性差別主義、他の形の抑圧の交差を問題にする、②メリトクラシー、客観性、中立性のようなヨーロッパ中心主義の認識論や支配的なイデオロギーに対抗する、③方法論的・教育的道具として対抗的な語りを用いる、ことなどがあるという（Sleeter & Bernal 2004）。

(2) 白人性の視点と多文化教育の課題

多文化教育は、白人性という概念を導入することで、以下に示すような、人種問題に対峙する新たな視点を獲得したといえる。

第一に、白人性を問うことで多文化教育は、人種主義における隠されてきた中心を問う視点を得ることになった。これまで見過ごされてきた白人であることに焦点をあて、白人のものの見方、特権、文化的規範といった人種主義を支えるマジョリティの文化実践や力作用、それによって生産・再生産されている不平等な社会構造の解明が試みられるようになったのである。

第二に、白人性の概念によって多文化教育は、人種主義をすべての人に関わる問題として扱うことを可能にした。人種主義はこれまで、人種的な偏見をもつ一部の人々や差別の対象となるマイノリティ集団の闘うべき問題として扱われる傾向にあった。しかし、人種問題における白人である意味を問うことで、マジョリティを含めたすべての人に関わる問題として人種概念が再考されることになったのである。

第三に、多文化教育は人種主義を温存している白人性を脱構築し、人種的に平等で公正な社会へと変革していく視点を得たといえる。白人性が本質的な実体をもつものではなく、社会的につくられたということは、理論的にはつくり

変えることができることを示唆している。不平等な社会構造を再生産している白人性を脱構築していくことを通して、社会変革への可能性が拓かれたのである。

多文化教育において白人性を問うことへの転回は、これまで不可視であった人種主義を維持する権力装置を正面から取り上げ、社会変革へ向けた教育実践の新たな地平を拓くものであった。多文化教育は白人性を問題にすることで、マジョリティの大きな物語を脱構築するとともに、マイノリティの視点から平等で公正な多文化共生をめざす教育を再構築する新しい理論的な枠組みを得たといえる。

4. 多文化教育で育成が求められる資質・能力

(1) 日本人性への問い

では、アメリカにおける多文化教育の展開が、多文化共生を担う日本人に求められる資質・能力の議論に、どのような示唆を与えてくれるのだろうか。

ここでは、白人性研究に着想を得て、アメリカ社会の白人性に近い概念として、日本社会における「日本人性（Japaneseness）」を設定することにする（松尾 2007）。アメリカ社会でマジョリティを構成する白人集団に対応させて、日本社会においてマジョリティである日本人を対象として、日本人であること（日本人性）が、日本社会においてどのような社会的意味をもつのかを問うのである（松尾 2005）。

日本人性（日本人であること）とは、白人性の定義に従い、日本人／非日本人（外国人）の差異のポリティックスによって形成されるもので、目に見えない文化実践、自己・他者・社会をみる見方、構造的な特権から構成されるものとする。

日本人であることは、第2章で検討したが、空気のように、私たちの回りに確かにあり、日本文化のなかで生きられているのに、その存在はあまりに当然のことで意識されることはほとんどない。このような目に見えない日本文化のなかで、日本人であることはまた、世界をみるレンズのように、自民族中心主義的なパースペクティブを形成していて、「日本人」という視点から私たちのものの見方や考え方を方向づけている。日本人であることはさらに、以上のよ

うな特徴をもつために、日本人の経験、価値、生活様式、日本社会のルールや規範はふつうであり標準とされ正統化されるといった構造的な特権として機能しているのである。

　では、日本社会において外国人やスタンダードでない日本人の場合はどうなるのだろうか。すべてであり普遍であるとみなされる日本の文化実践に対し、エスニック集団の文化は特有な中身をもつ具体として語られる。何がノーマルで、正しく、大切であるかの前提である不可視な「日本人」の視点に対し、エスニック集団のものの見方や考え方は標準と異なる特殊なものとみなされる傾向にある。さらに、日本人であることは構造的な特権として機能するのに対し、日本人でなければ、可視化されない暗黙の了解である日本の文化的な実践や規準、正統化される日本人のまなざしのもとで、マイノリティとして生きざるを得ないのである。

　このように、日本人にとって、ふつうのこと、当然なもののなかに、自民族中心主義的なパースペクティブや文化実践が刷り込まれているのである。日本人であることのもたらすこうしたマジョリティ性は、マイノリティにとっては、就労、教育、福祉、医療、生活などのさまざまな場所で、ルールのわからない勝ち目のないカードゲームに挑んでいるようなものである。外国人やスタンダードでない日本人が日本社会で生きていくには、こうした目に見えない文化的な基準、日本人のまなざし、構造的な特権にマイノリティとして対峙しなければならないのである。

　多文化教育が、より平等で公正な日本社会をめざすのであれば、私たちのもつ日本人性を意識化して脱中心化するとともに、不可視な基準のもとで聞かれてこなかったマイノリティの声に真摯に耳を傾け、日本人であることを問い直していくことが求められるだろう。

(2) マイノリティの生きづらさと「ガラスの箱」

　マジョリティのまなざしや不可視な文化実践、特権などによって構築されている、マイノリティの生きづらさを生み出している状況を「ガラスの箱」[2]という言葉でイメージすることにしたい（松尾 2013）。

　「ガラスの箱」とは、マイノリティ集団に属する人々の回りに存在するガラ

スによって囲われた箱のことをいう。透明で何もないようにみえるが、実は確固として存在していて、マイノリティの行為を制限したり枠づけたりするものといえる。常識とされるマジョリティの文化実践やマジョリティのまなざし、不平等な社会構造によって構築され、暗黙の了解とされるルールや規範による足かせとなっている。

　こうした可視化されないマジョリティのルールやスタンダード、価値観は、マイノリティにも当然のこととして一律に適用されるため、かれらには不利な競争が強いられることになる。「ガラスの箱」に囲まれたマイノリティは、主流のマジョリティ社会への文化的な同化が強いられるにもかかわらず、社会的な成功を実現していく構造的な同化は阻まれているといえる。

　一方で、マイノリティのありようを枠づける「ガラスの箱」は透明で、特別な努力をしない限り、マジョリティにとってはみることができない。そのため、マイノリティであるために味わう文化の壁や絶望、つらさは、マジョリティに気づかれることはほとんどない。踏まれた足の痛みは、踏まれた者にしかわからないのである。

　マジョリティにはその存在が認識されないものの、マイノリティには日々の生活で経験される透明な「ガラスの箱」が、マイノリティの自由を制限し生きづらさを生む原因の一つとなっているといえる。

(3) 多文化教育で育成がめざされる資質・能力

　日本人性をめぐる議論は、多文化共生を実現していく上でどのような示唆を与えてくれるのだろうか。ここでは、日本人性の概念を手がかりに、多文化教育で育成がめざされる資質・能力として、以下の3点を提案したい。

①日本人性に気づき、自己変革しようとする資質・能力

　第一に、日本人性に気づき、マジョリティである日本人自身が変わろうとする資質・能力が求められるだろう。日本人であることによってもたらされる自民族中心主義的なパースペクティブを自覚し、自らが日本社会の脱中心化を試みようとする意識改革が必要である。

　私たちは生まれ育った文化や経験のなかでものの見方や考え方が培われるた

め、自己・他者・身の回りの世界について、自分自身の文化の視点から捉えている。こうした自文化の視点は、日本人性で検討したように、日本社会のなかでは、マジョリティの目に見えない文化的な規範や標準を形成しており、自らのルールが暗黙のうちに優先される特権として機能している。

　一方、これらの文化的な規範や特権は、マジョリティ側には当然のことであるため認知されることはほとんどない。そのため、マイノリティのものの見方や考え方は、（マジョリティ）社会の基準に合わないものとして排除される傾向にある。

　したがって、社会の人間関係を変えていくには、マジョリティが変わることが不可欠である。私たちにはまず、日本人性のもたらす自らの自民族中心主義に気づき、多文化共生に向けて日本人である自分自身が変わろうとする資質・能力を培っていくことが求められるだろう。

②文化的な差異の理解を心がけ、マイノリティの声に耳を傾ける資質・能力

　第二に、文化的な差異に関心をもち、マイノリティの声に耳を傾ける資質・能力が求められるだろう。文化的な多様性と同質性についての敏感な感覚や認識を育てつつ、自分とは異なる他者の語りを真摯に傾聴していくことが必要である。

　私たちはしばしば、文化的な差異にばかりにとらわれ、自分とは異なる他者を二項対立的に捉えてしまう傾向にある。異なる文化の間のコミュニケーションを考えた場合、こうした文化を実体化する本質的な見方である文化本質主義が、人と人との間に境界をつくり、相互理解を困難にしている場合も多い。

　一方、多様性というものは、現実には、きわめて重層的であり状況に依存している（終章を参照）。個人は複数の社会集団（国籍、人種・民族、言語、宗教、ジェンダー、セクシャリティ、社会階層、障がいの有無、年齢、その他の集団）に同時に帰属しており、個人の視点からいずれの集団が意味をもつかは状況によって異なる。同じ個人であっても国境を越え、あるいは文化集団の境界をまたげば、立場は逆転することも多い。また、時間的な経過により、所属する集団やその重要度が変化することもありうる。多文化社会に生きる私たちは、状況に応じていかなる位置取りをしていくかで、自らの立ち位置は多様な現れ方をす

るものといえる。ときとして、私たちはマジョリティになったりマイノリティになったりするものなのである。

　したがって、私たちは、文化的な差異だけではなく、個人的な差異をもち、また、人間としての共通性をもっている。換言すれば、私たちは、異質性と同質性を合わせもっており、異なる存在であると同時に等しい存在であるといえる。私たちは、このような多様性と同質性のありように敏感になるとともに、そのような差異を理解した上で、これまで沈黙させられてきたマイノリティの声に真剣に耳を傾けていくことが大切になってくるのである。

③新しいインクルーシブな多文化共生社会を築いていこうとする資質・能力

　第三に、多文化共生社会を築いていこうとする資質・能力が求められるだろう。自分とは異なる人々とともに生き、よりよい社会をつくっていくことへの決意と意思が必要である。

　多文化社会の現実というものは、アメリカの事例が示すように、サラダボウルやオーケストラのイメージのような平和的共存というよりは、異なるパースペクティブのために、利害が対立し競合する衝突の絶えない社会といった性質のものであろう。さまざまな視点をもつ人々がいることを考えると、そういった集団間の摩擦や軋轢はしかたのないことかもしれない。

　しかし、ともに生きていくためには、こうした困難さを認識しつつ、お互いの違いを認め合いながら、共通のルールを見出していく努力が必要であろう。その際、自民族中心主義的な自己主張に終始すれば、意味のあるコミュニケーションは成立しない。異なる視点を知り個々の物語にしっかりと耳を傾けて学び合いながら、ともに生きる道を探っていかなければならない。そこで大事なのは、異なる他者を理解することは完全にはできないという現実を受け止めつつも、可能な限り理解しようと試みるひたむきで誠実な姿勢であろう。

　私たちは多文化社会の形成者として、異なる文化的な背景をもつ自律した個人同士が、他者と関わり合い協働して、さまざまな課題をともに乗り越えていくことで、よりよい社会を創造していくことが求められている。グローバル化が加速する今日、多文化共生社会に向けて、社会的公正の視点をもち、相互理解を図りながら、ともに問題解決していく責任ある多文化市民となっていく決

意と意思が求められるのである。

おわりに

　本章では、アメリカにおける多文化教育の歴史的展開を踏まえながら、多文化市民に求められる資質・能力について検討した。多文化教育において白人性を問うことへの転回は、これまで不可視であった人種主義を維持する権力装置を正面から取り上げることを可能にし、社会変革へ向けた教育実践への新たな地平を拓くものであった。多文化教育は白人性を問題にすることで、マジョリティの大きな物語を脱構築し、マイノリティの視点から平等で公正な多文化共生をめざすカリキュラムをデザインする新しい理論的な枠組みを得たのである。

　アメリカにおける多文化教育は、日本の文脈において、多文化共生を考察していく上で重要な示唆を与えてくれるものであった。第一に、多文化の共生は、きわめて困難な課題であるということである。白人性の議論からわかるように、偏見や差別、不平等な社会構造といった問題を解決することは、容易なことではない。マジョリティの文化的な規範や社会的特権は、意識にのぼらないため、知らず知らずのうちに実践され再生産されてしまうのである。私たち日本人もまた、日本社会の文脈において、マジョリティ性という多文化共生の難問に直面していることを自覚する必要がある。

　第二に、多文化教育における白人性への展開は、日本においては「日本人性（日本人であること）」を問うことの必要性を示唆している。日本社会における隠れた中心を問う「日本人性」という概念を設定することで、日本人であることの目に見えない文化実践やものの見方・考え方、社会的特権を浮き彫りにすることができ、日本人というマジョリティ性から構成された日本社会の脱構築を進めていく可能性が拓かれるのである（松尾 2005）。日本人性とは何かを追究することは、日本社会において多文化共生を進めていく一つの指針となるものといえる。

　第三に、移民時代を迎えた日本社会において多文化共生をめざすには、日本人性を克服していく多文化社会の市民を育成していくことが求められることが

示唆される。異なる人々が共生するという難問に対峙する多文化社会の市民に求められる資質・能力として、前述した①日本人性に気づき、自己変革しようとする資質・能力、②文化的な差異の理解を心がけ、マイノリティの声に耳を傾ける資質・能力、③新しいインクルーシブな多文化共生社会を築いていこうとする資質・能力などの涵養が求められるだろう。

多文化共生の課題がますます重要度を増している今日、差異にかかわらずだれもが自分らしく生きられる社会をつくっていくためにも、日本人であることの中身を自ら問い直し、多文化共生の実現にコミットできる資質・能力の育成が私たちに求められているのである。

続く第4章では、多文化市民に求められる資質・能力を育んでいくにはどうしたらよいのかという視点から日本型多文化教育の考え方を提案する。

注

(1) 食、衣装、祭りを題材とする3Fの教育実践のすべてが問題であるとはいえないだろう。例えば、多文化教育の導入として実施すれば、興味や関心を高めることができる。しかし、文化的な違いの強調や表面的な理解は、かえってステレオタイプを強化してしまう傾向にある。観光旅行でエキゾチックな文化を見て楽しむようなアプローチではなく、他者のリアルな理解を促すような深い学びが求められるだろう。

(2) 女性の社会的な成功を阻む壁を象徴的に表現する「ガラスの天井（glass ceiling）」という言葉があるが、ここでは、マイノリティの行為を制限する目に見えない文化実践をより的確にイメージする用語として「ガラスの箱」を提案している。

引用・参考文献

藤川隆男編（2005）『白人とは何か？――ホワイトネス・スタディーズ入門』刀水書房.

松尾知明（2005）「『ホワイトネス研究』と『日本人性』――異文化間教育研究への新しい視座」異文化間教育学会編『異文化間教育』第22号、pp.15-26.

松尾知明（2007）『アメリカ多文化教育の再構築――文化多元主義から多文化主義へ』明石書店.

松尾知明（2013）『多文化教育がわかる事典――ありのままに生きられる社会をめざして』明石書店.

Frankenberg, R. (1993) *White Women, Race Matters: The Social Construction of Whiteness*, University of

Minnesota Press.

Frankenberg, R. (2001) The Mirage of an Unmarked Whiteness, In Rasmussen, B. B., Klinenberg, E., Nexica I. J. & Wray, M. (Eds.), *The Making and Unmaking of Whiteness*, Duke University Press, pp.72-96.

Ladson-Billings, G. (2003) New Directions in Multicultural Education: Complexities, Boundaries, and Critical Race Theory, In Banks, J. & Banks, C. (Eds.), *Handbook of Research on Multicultural Education* (2nd ed.), Jossey-Bass, pp.50-65.

Ladson-Billings, G. (2009) Race Still Matters: Critical Race Theory in Education, In Apple, M. W., Au, W. & Gandin, L. A. (Eds.), *The Routledge International Handbook of Critical Education*, Routledge, pp.110-120. ラドソン - ビリングズ，G.（松尾知明訳）（2017）「人種はいまなお問題である――教育における批判的人種理論」アップル，M. W.・アウ，W.・ガンディン，L. A.編（長尾彰夫・澤田稔監修）『批判的教育学事典』明石書店，pp.161-177.

Ladson-Billings, G. (2021) *Critical Race Theory in Education: A Scholar's Journey*, Teachers College Press.

Ladson-Billings, G. & Tate, W. F. (1995) Toward a Critical Race Theory of Education, *Teachers College Record 97(1)*, pp.47-68.

Sleeter, C. E. & Bernal, D. D. (2004) Critical Pedagogy, Critical Race Theory, and Antiracist Education: Implications for Multicultural Education, In Banks, J. & Banks, C. (Eds.), *Handbook of Research on Multicultural Education* (2nd ed.), Jossey-Bass, pp.240-258.

第4章

日本型多文化教育の基本的な枠組み
――21世紀の学校教育を拓く

はじめに

　日本という多文化社会において、ジャズを奏でる市民としての資質・能力を育成するためには、どのような日本型多文化教育を構想していけばよいのだろうか。

　人口減少・少子高齢社会へと急激な変化を遂げるなかで、2018年には入管法が改定され、日本において移民時代が到来することになった。このような多民族化・多文化化といった社会変動に対応するためには、多様な人々とともに生きる社会への体制づくりが急務になっているといえる。

　一方で、教育をめぐる状況をみてみると、外国につながる子どものニーズに必ずしも応えられていない現実がある。日本の学校のなかでは、落ちこぼされたり不適応に陥ったりしている外国につながる子どもの姿をみることもめずらしくない。その原因として、日本人のもつ、内と外を使い分け、異質なものを排除するといった同化主義的な傾向が指摘されることも多い。

　第4章では、日本人性の概念を手がかりに、日本の学校教育の同化主義的な特徴を明らかにするとともに、日本型多文化教育の基本的な枠組みを提示することを目的とする[(1)]。

　具体的には、日本において多文化教育が必要とされる背景を検討した後、ユニバーサルデザインとしての多文化教育の基本的な考え方を示し、外国人児童生徒教育から多文化教育へのコペルニクス的転回の点から日本型多文化教育をどのように構想していくのかについて考察したい。

1. 多文化教育が必要とされる背景

　日本において多文化教育を導入することがなぜ必要なのだろうか。ここで

は、問題の所在を、移民の受け入れ、及び、外国につながる子どもの落ちこぼしと異文化の剝奪の点から検討する。

(1) 人口減少社会と移民時代の到来

　日本は今、人口減少社会の始まりという大きな転換点に立っている。人口は今後、ジェットコースターのような勢いで急減していくという（毛受 2017）。

　「高齢化の推移と将来推計」（内閣府 2023）によれば、図1に示すように、明治以降、ほぼ一貫して増加してきた人口は、2010年の約1億2806万人をピークに減少に転じている。このペースが続けば、2031年に1億2000万人を下回り、2056年には1億人を割り込み、2070年には8700万人へと劇的に減少することが予想されている。

　少子高齢化も大きく進んでおり、65歳人口と現役世代（15〜64歳の生産年齢人口）の比率をみると、65歳人口1人に対して、1950年には現役世代12.1人であったものが、2022年には2.0人、2070年には1.3人という比率になることが見込まれている。

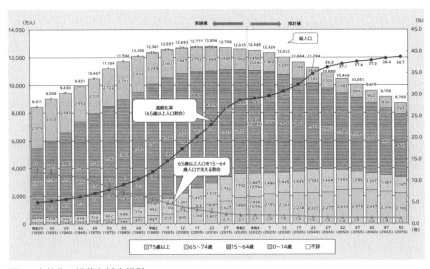

図1　高齢化の推移と将来推計
出典：内閣府（2023）、p.4.

こうした深刻な労働力不足に対応するために、2018年12月に入管法が改定された。今回の改定は人手不足の職種にまで外国人労働者に門戸を開くもので、これからいっそうの外国人人口の増加が見込まれており、移民時代の到来を告げることになった。

　日本においても今後、ヨーロッパ諸国のようなエスニック集団のゲットー化や日本人との交流のない平行社会の形成が進むことが危惧されるだろう。そうならないためにも、教育の充実を図って、外国につながる子どもの学力や進路を保障し、日本社会への参加を促しながら社会統合を図っていくことがカギになってくると思われる。移民時代を迎え、多文化社会へ本格的に移行するための体制づくりが急がれているのである。

(2) 落ちこぼしと異文化の剝奪

　多文化共生という課題の重要性が増す一方で、日本の学校教育の現状をみてみると、外国につながる子どものニーズに十分応えられていない。

　第一に、日本語能力に課題のある外国につながる子どもの「落ちこぼし」という問題がある。日本の学校では、メリトクラシーのもと、異なる言語や文化を背景とする特別なニーズはほとんど考慮されない。外国につながる子どもの学力不振は、日本人の子どもと同等の学習機会が提供されているということで、すべて本人のがんばりや努力の問題に帰するものとされる。さらに、こうした考えは、現実に学力をつけることができた一部の外国につながる子どもの姿をもとに確認されることになる。

　他方で、言語を例にとれば、日常の生活での会話力が1〜2年で獲得されるのに対し、教科に特有の抽象度の高い語彙や概念などを操作する学習言語力の習得には5〜7年かかるということが知られている（中島 2010）。したがって、日本語の初期指導しか提供できていない日本の学校教育の現状を考えると、外国につながる子どもが授業についていけないのは当然のことといえる。その意味で、日本の学校は、日本語に課題をもつ外国につながる子どもを構造的に落ちこぼす装置として機能しているのである。

　第二に、外国につながる子どものもつ異文化を剝奪しているという問題がある。文化や継承語は、ものの見方や考え方の枠組みを形づくる基礎となるもの

で、子どもがアイデンティティを追求していく基盤となるものといえる。しかし、日本の学校では、すべての子どもを同じように扱うことが基本で、常識としての日本人のやり方や進め方が強要されることになる。異なる文化への配慮がある場合もあるが、それはあくまで日本の学校への適応をめざすのが前提であり、継承語や継承文化への配慮はほとんどない。

　このような学習環境は、日本とは異質で独特な文化や言語を剥奪する形で働くことになる。学校に適応して学力をつけていこうとすればするほど、自分の文化や言語を捨てて、ホスト社会の文化に同調していくことが求められるのである。その点で、日本の学校は、異文化を剥奪する文化的同化のための装置として機能しているといえる。

　以上のような問題意識に立ち、本章では、日本において多文化教育を構築していく基本的な考え方について考察する。

2. ユニバーサルデザインとしての多文化教育

　では、多文化教育をどのように構想していけばよいのだろうか。ここでは、ユニバーサルデザインを指向する観点から、多文化教育の特徴を3点述べたい。

(1) 多文化教育はすべての子どものための教育である

　第一に、多文化教育はすべての子どものための教育である。換言すれば、多文化教育とは、教育のユニバーサルデザインをめざして、人間の差異にかかわらず、すべての子どもに公正で平等な教育を提供しようという試みである。

　多文化教育とは、マイノリティの視点に立ち、社会的な公正の立場から多文化社会における多様な民族あるいは文化集団の共存・共生をめざす教育理念であり、その実現に向けた教育実践でもある。1950～1960年代にアメリカで展開した公民権運動を背景に生まれた多文化教育は、文化の独自性を捨て主流文化へ溶け込むことを強いる同化主義に対抗して、文化の多様性を価値ある資源として評価する文化多元主義、あるいは、多文化主義に理論的な基礎を置き、さまざまな文化を理解し尊重することを通して多様性の統合を追究してきた。こうした多文化教育の理論や実践は、グローバリゼーションが進み、諸外国で

外国人労働者や難民が増加するなかで、北米、ヨーロッパ、オセアニア、アジアをはじめとして国際的にも大きな発展をみせてきている（Banks 2009）。

　多文化教育の基本的な考え方は、「多文化社会における教育は、多文化でなければならない」というものである。多文化教育は、特別な教育ではない。文化的な背景にかかわらず、すべての子どもにとって、その差異に応じた教育のあり方を構想するものである。

　別の言い方をすれば、多文化教育は、学校教育のユニバーサルデザインをめざす試みといえる。ユニバーサルデザインとは、文化、言語、年齢、障がいなどの差異を問わず、だれもが利用可能であるように工夫するデザインのあり方をいう。多文化教育は、多様な人々で構成される多文化社会において、それらの構成員のもつ文化的差異にかかわらず、ユニバーサルにデザインされた公正で平等な教育のあり方をめざしているということができる。

(2) 多文化教育は多文化市民の育成をめざす

　第二に、多文化教育は個に応じた教育環境を構成し、多文化社会で生き抜く力をもつ市民の育成をめざすものである。具体的には、多文化教育は、学校のユニバーサルデザイン化を通して次の3点を実現することを目的とする。

---

　①学力をつける――社会的な平等
　②多様性を伸張する――文化的な平等
　③多文化社会で生きる力（コンピテンシー）を培う――多文化市民の育成

---

①学力をつける――社会的な平等

　多文化教育の目的の1つ目は、学力を保障することにある。人間の差異は、人種・民族、ジェンダー、社会階層、セクシャリティ、障がい、年齢などを軸に、マジョリティとマイノリティの社会関係を生み出している。そこでは、マイノリティ集団はしばしば、主流の社会や文化のなかで少数者として扱われることで、文化的に不連続なバリアに直面する。このような異なる文化に起因する障壁のために、学力不振の状況に追い込まれることも少なくない。

　これらの文化的なバリアには目に見えるものもあれば、見えないものもあ

る。例えば、外国につながる子どもの言語問題を例にとると、第二言語習得者である子どもにとって、日本語の会話力の欠如は目に見えるバリアといえる。それは、教育関係者の間でも明白な課題として認識されやすく、その言葉の壁を克服するために初期日本語指導を実施している場合も現在では少なくない。一方、かれらの学習言語力の欠如は目に見えないバリアの例として挙げられる。教科学習で必要な抽象度の高い言語能力は気づかれにくいため、先行研究で学力を保障するためには支援が不可欠なことがわかっているにもかかわらず、政策上ほとんど関心が払われていない。このことが、外国人児童生徒の低学力の主要な原因の一つとなっているといえる。多文化教育は、目に見えるレベルだけではなく目に見えないレベルも視野に入れ、文化的な差異に応じた支援を提供し、学力やキャリアの形成をサポートしていくことで、社会的な平等を実現することをめざすのである。

②多様性を伸張する――文化的な平等

多文化教育の目的の2つ目は、個に応じた指導を通して、多様性を伸張することにある。多文化社会を構成する多様な人々は、さまざまな文化的な個性を有している。多文化教育では、文化の多様性は、社会的な負担を意味するものではなく、社会をダイナミックで豊かにする財産であると考える。そのため、個に応じた指導を通して、そのような文化的な個性の伸張を図るのである。

例えば、言語的マイノリティは、自らの言語や文化をもっている。多文化教育では、かれらの学習のニーズに応えて、継承語や自文化を学ぶ機会を提供する。このことは、親を含むエスニック集団でのコミュニケーションの道具、また、アイデンティティの基盤を獲得するための教育機会を提供するもので、言語や文化の学習権を保障することにつながるものである。さらに、バイリンガリズムやバイカルチュラリズムを涵養することは、文化と文化の間を架橋する能力を育てるものであり、グローバリゼーションが進む社会において有益な資質・能力となる。多文化教育は、文化的な差異を価値ある資源と捉え、特別なニーズに対応した指導を通して多様性を伸張することで、文化的な平等を実現するものである。

③多文化社会で生きる力（コンピテンシー）を培う――多文化市民の育成

　多文化教育の目的の3つ目は、多文化社会で生きる力（コンピテンシー）を培うことにある。グローバリゼーションが加速し多文化社会が形成されるなかで、異なる文化との接触や交流の機会はますます増加しており、自分とは異なる人々との関わりが日常化する状況がいたるところでみられるようになっている。そこでは、多様な人々と異文化間のコミュニケーションを効果的にとり、ともに考え行動して社会を形成していく力量が必要になっている。このような今日的な課題に応え、多文化教育は、自分とは異なる他者と関わり、問題解決のために協働することのできる資質・能力を育てるものである。

　この意味で、多文化教育は、多文化社会の形成者を育てる市民性教育ともいえる。それは、文化的な差異を尊重する学校において、だれもが大切にされる多文化共生の文化を醸成していく市民を育てることをめざしている。このことは、異文化間コミュニケーション力をもったグローバル人材の育成につながるものでもある。文化的な違いを認め尊重するパースペクティブや異なる人々とのコミュニケーション能力を醸成しながら、文化的に多様な人々と効果的に関わり協働して多文化共生社会を築いていく市民の育成がめざされるのである。

(3) 多文化教育は学校全体の改革をめざす

　第三に、多文化教育は学校全体の改革をめざすものである。すなわち、学校のユニバーサルデザインは、カリキュラムや学習指導にとどまるものではなく、学校文化を含めた総合的な学校改革を意味する。例えば、この分野の第一人者であるバンクス（J. A. Banks）は、多文化教育が成功するためには、学校を一つの社会システムとして捉え、学校の全体を包括的に変革していかなければならないとする（Banks & Banks 2009）。

　彼は、システムとしての学校を構成する主な要素として、図2のように、カリキュラムや教材をはじめ11項目を挙げ、密接に関わり合うこれらの要素全体を総合的に改革することの必要性を強調している。

　多文化が尊重される学校をつくるには、第1章で検討した多文化主義といった理念に貫かれた教育活動をデザインしていくことが必要である。その理念のもとに、多文化教育は、多文化の視点を学校に浸透させることで、文化的に異

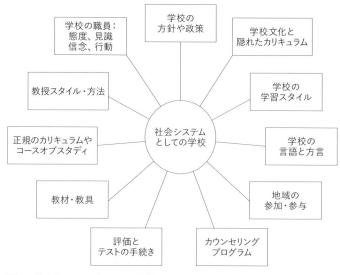

図2　社会システムとしての学校

出典：Banks & Banks（2009）, p.24.

なるだれもが大切にされるユニバーサルな学校づくりを進めるのである。

3. 外国人児童生徒教育から多文化教育へのコペルニクス的転回

　ここでは、ユニバーサルデザインとしての多文化教育の特徴を外国人児童生徒教育から多文化教育へのコペルニクス的転回という形でさらに検討してみたい。

(1) 日本人性と日本の学校教育

　日本の学校教育は、日本人性を反映して、日本人のもつ文化実践、ものの見方や考え方、構造的な特権が暗黙の了解となっており、日本人を中心とした教育システムとなっている。このような日本の学校の特質は、外国につながる子どもを適応させる文化的な同化装置としての学校をつくり出しているといえる。

　したがって、学校を変革していくにはまず、日本の教育の同化主義的な慣習やルール、文化実践を可視化していく必要があるだろう。すなわち、日本の学

校の構造や教師のまなざしを生んでいる日本人性という不可視な標準や規範、特権を露わにすることで、日本人の視点から構築された教育の特質を可視化していくことが必要であろう。

　例えば、マッキントッシュ（P. McIntosh 1989）は、「白人の特権──不可視なナップサックから取り出して（White Privilege: Unpacking the Invisible Knapsack）」という論文のなかで、身の回りで日常的にみられる白人であることの特権を洗い出す作業を試みている。同様に、ここでは学校教育にみられる日本人の特権をいくつかリストアップしてみよう。例えば、教育の目標、内容、方法、評価、学校の文化については、以下のような日本人のもつ特権が挙げられる。

①教育の目標

　学校教育では、社会の形成者としての日本国民の育成がめざされている。外国につながる子どもについては、希望すれば恩恵として学校への入学が許可され、日本人と同等の教育が受けられるが、エスニック文化や継承語の保持などは、教育目標としてほとんど考慮されない。

②教育の内容

　日本国民の形成をめざす教育課程になっている。国語では日本の民話や日本人作家の作品、算数では掛け算の九九をはじめ日本式の計算の仕方、社会科では日本の歴史・地理・政治の仕組み、理科では日本の植物や動物などがあたりまえのこととして学ばれている。外国につながる子どもの文化や経験は、教育課程のなかで考慮されることはほとんどない。取り入れられる場合でもその内容は、総合的な学習の時間や教科の一部として編入される程度で、日本人中心の基本的な教育課程の枠組みに変更はない。

③教育の方法

　日本人の文化実践に対応した教育の方法が基本となる。日本人の子どもは、日本文化のルールに従った教科指導や生徒指導を受けることができる。例えば、授業の進め方、学習規律、個よりも集団に焦点を置いた指導、ほめ方やしかり方などは、日ごろ慣れ親しんだやり方なのでカルチャーショックを経験

することはほとんどない。外国につながる子どもは、日本語能力の限られる場合には、国際教室の設置、日本語指導教師の加配、日本語の取り出し授業の実施などの措置はあるが、日本の学校システムへの適応がそれらの支援の目的となっており、文化に配慮した「文化的に適切な指導（culturally relevant pedagogy）」（Ladson-Billings 2009, 2021）の視点はほとんどない。

④教育の評価

　従来からの学力テストを中心とした評価が実施される。問題用紙は日本語で作成されており、日本語で回答することが求められる。外国につながる子どもに対しては、テストなどで漢字にルビをふったりするなどの配慮がある場合もあるが、日本語能力や文化の違いは通常無視される。

⑤学校の文化

　日本の学校は、母語である日本語を基礎に運営されている。あらゆる掲示が日本語で表示され、意思疎通にも日本語が通常使われる。教科書をはじめとして学習材のほとんどが日本語で書かれており、日本人の教師が日本語を教授言語として授業をしている。学校からのお知らせや学級通信などの文書も日本語で表記されている。

　このように、日本の学校は、日本語や日本文化を前提とした不可視な標準や規範のもとで運営されており、外国につながる子どもへの支援がある場合も、通常の教育実践に付加的な配慮がある程度である。日本の学校は、日本の教育のルールやシステムに、外国につながる子どもを適応させる文化的な同化装置となっているといえる。

　これらの事象は、日本人にとってきわめてふつうのことである。しかしながら、このようなありふれた日常の教育実践に、日本人としての特権が隠されているのである。このことは、外国につながる子どもが、自らの言語、歴史、社会、文化などを学習したり、慣れ親しんだ自文化のやり方で学んだりする機会をほとんどもっていないという事実を考えると、日本人としての特権は決して小さいものではない。したがって、目に見えない日本人性という背負い袋を意

識化し、自明とされているマジョリティの文化実践やものの見方・考え方、特権を明るみに出していく必要がある。

(2) コペルニクス的転回の必要性

学校を変えるには、日本の教育をめぐる言説を多文化の視点から組み換えていかなければならないだろう。すなわち、マイノリティの視点から学校を再編成していくことで、すべての子どものために、①社会的な平等、②文化的な平等、③多文化市民の育成、をめざすことが必要である。

ここでは、日本人性に由来する自民族中心主義を克服するために、外国人児童生徒教育から多文化教育へのコペルニクス的転回を提唱したい。

コペルニクスの生きた当時の人々は、宇宙の中心は地球であり、すべては地球を中心に回っていると考えていた。コペルニクスは、自明とされていた天動説は誤りであり、地球自体が動いているとする地動説を唱えた。すなわち、人間がすべての中心に位置するとする考えから、人間もその一部として自らが動いているとする世界観へと根源的な視点の転換が図れたといえる。この一大転回にみられるのと同じように、これまで常識として疑われてこなかった日本人を中心とする教育の基本原理を問い直すのである。

学校教育というものは、マジョリティの視点は暗黙の了解として認識されないものの、実際には、日本人性を反映して、そのすべてが日本人の視点から構成されているといってよいだろう。もちろん言語や文化などマイノリティのニーズへの配慮がある場合もあるが、それはあくまで特別な措置と捉えられる。外国につながる子どもへの支援は、日本の学校教育の構造を変えないことが基本であり、そのシステムが維持される範囲内で文化的差異への対応がなされるのである。

こうした日本人を中心とした学校教育にコペルニクス的転回をもたらすのが多文化教育である。多文化教育においては、日本人の視点も多くの視点の一つにすぎないと捉え、多様な文化の視点から教育の抜本的な再構成を主張する。すなわち、教育を受ける権利の点では、マイノリティであっても一人の人間として同等の権利をもっているのであり、文化的に異なっていても不利益を被ることがないように、文化の多様性に対応した教育のあり方が求められると考え

る。そのため、多文化の視点からの教育改革は、まず、前述したような日本人性を意識化して、学校教育のなかの気づかれにくい日本人の視点を明らかにしていく。同時に、これまでの日本人中心の不可視な基準のもとで聞かれてこなかったマイノリティとしての他者の存在を認知するとともに、かれらの声に真摯に耳を傾けることで多様な視点を取り入れていく。多文化教育の改革は、このような日本人としての自己理解とマイノリティの他者理解を相互に進めていくことで、日本人中心の視点から多文化の視点をもつ学校教育への転回を図り、文化的な差異にかかわらず一人ひとりが大切にされる教育のあり方を追究するのである。

(3) 外国人児童生徒教育と多文化教育の比較

　では、外国人児童生徒教育から多文化教育へのコペルニクス的転回とは、具体的にはいかなる改革を意味するのだろうか。ここでは、外国人児童生徒教育と多文化教育の2つの教育のあり方を比較することで、コペルニクス的転回によってもたらされる多文化教育の意義を浮き彫りにしたい。

　まず、外国人児童生徒教育[2]と多文化教育の違いを明らかにするために、それぞれの基本的な枠組みを比較してみたい。それぞれの教育を理念・目的、対象、内容の項目に従って示すと、例えば表1（78頁）のようにおおむね整理できる。

①理念・目的

　理念・目的の点からみてみると、外国人児童生徒教育は、モノカルチュラルな日本の学校や社会への適応が目的とされている。外国につながる子どものもつ文化的な差異は社会的な負担と捉えられ、日本語指導と適応指導を通して日本の学校システムに適応させることに主眼が置かれており、同化主義的な傾向が強いといえる。一方、多文化教育は、文化的な差異は社会を豊かでダイナミックにする価値ある資源として捉え、異なる文化を認め尊重する多文化主義を基本理念とする。その目的は、学力を保障して社会的平等を実現するとともに、自文化や言語の学習の機会を提供し文化的平等をめざす。さらに、多文化コンピテンシーを育て、多文化社会で生きる力の育成を図るものである。

②対象

　外国人児童生徒教育では、対象となるのは学校に適応ができていない外国に
つながる子どもである。こうした対象の限定は問題を焦点化できる一方で、対
象とされない集団の間では、自分とは関係のない特別な教育であるという認識
を生みやすい。一方、多文化教育は、多様な文化集団に属するすべての児童生
徒を対象とする。すなわち、同じ個人は、国籍、人種・民族、ジェンダー、セ
クシャリティ、社会階層、宗教、思想信条、障がいの有無など、さまざまな文
化集団に属している。複数の文化集団に属する私たちは状況によってマジョリ
ティになったり、マイノリティになったりする。多文化教育においては、人間
の「違い」の複雑性を自分自身の問題として捉え、多文化の共生をめざすもの
である。

③内容

　外国人児童生徒教育では、そこで扱う内容が、日本語指導、適応支援、入
学・編入学の支援、進学・就職の支援となっている。ただ、これらの対策は日
本社会や学校への適応に主眼があり、前述のような社会的平等を十分に実現で
きるものではない。一方、多文化教育は、学力保障のためには、言語や文化な
どの、i.特別なニーズへの対応だけではなく、ii.教師の期待、iii.多文化の
カリキュラム、iv.学習スタイルと教授スタイル、v.学校の文化なども含め、
多文化の視点から学校全体の改革を求めている。さらに、文化的平等や多文化
社会で生きる力の育成についても、表1に挙げているような取り組みを提案す
るものである。

　外国人児童生徒教育と多文化教育とをこのように比較してみると、前者は日
本人の視点から、後者は多文化の視点から、教育のあり方が対照的に構想され
ていることがわかる。

(4) 外国人児童生徒教育から多文化教育へのコペルニクス的転回

　外国人児童生徒教育から多文化教育へのコペルニクス的転回を実現すること
には、具体的には、例えば以下のような点が含まれる。

表1　外国人児童生徒教育と多文化教育

	外国人児童生徒教育	多文化教育
理念 目的	同化主義 ・日本社会への適応	多文化主義 ・学力の保障（社会的平等） ・個性の伸張（文化的平等） ・多文化社会で生きる力の育成
対象	外国につながる子ども	すべての子ども
内容	①社会的平等（ⅰ. 特別なニーズへの対応:日本語指導、適応支援、入学・編入学の支援、進学・就職の支援）	①社会的平等（ⅰ. 特別なニーズへの対応、ⅱ. 教師の期待、ⅲ. 多文化のカリキュラム、ⅳ. 学習スタイルと教授スタイル、ⅴ. 学校の文化を含めた学校改革） ②文化的平等（ⅰ. 自文化の学習、ⅱ. 継承語の学習） ③多文化社会で生きる力の育成（ⅰ. 多文化のカリキュラム、ⅱ. 偏見や差別の軽減、ⅲ. 異文化間コミュニケーション力、ⅳ. 社会的行動力の育成）

①社会的平等

　社会的には、すべての子どもの教育の権利を守り、学力を向上させ、キャリアの実現を支援していく。そのためには、例えば、

・言語や文化の違いを考慮して、「ⅰ. 特別なニーズへの対応」を充実する。外国につながる子どもの場合には、学力をつけるためにも長期的な視点に立った日本語指導や適応指導などを実施する。

・学力の向上と教師の期待には高い相関関係があることが知られているが、こうしたマイノリティの子どもに対する「ⅱ. 教師の期待」を高めるための手立てを講じる。外国につながる子どももすべてが成功できるという認識を促すために情報提供や教員研修などを進める。

・学習を効果的に進めるには学習内容と実生活とのレリバンス（関連、つながり）が重要だが、子どもの生活経験や文化を重視する「ⅲ. 多文化のカリキュラム」の作成を促す。多様な子どもたちの生活や文化を知り、文化的に多様な子どもの既習知識をカリキュラムに反映させる。

・教育の方法についても、文化的な背景の異なる子どもの学習スタイルと教師のもつ教授スタイルについて、「ⅳ. 学習スタイルと教授スタイル」の対応を促す。子どもの学習上の強みを把握して、文化的なニーズに応じた指導を促す。

・子どもを取り巻く学習環境は学力向上の点でも重要な役割を果たすため、多様な子どもの文化を認め尊重するといった「ⅴ. 学校の文化を含めた学校改

革」を進める。多文化主義の理念を学校全体に浸透させ、総合的な学校の多文化化を実現する。

②文化的平等

文化的には、多様性を伸長し、すべての子どもに自らの文化を学ぶ権利を保障していく。そのためには、例えば、

・自分のもつ文化を保持することは主体形成の基盤であり、学校においても「ⅰ. 自文化の学習」の機会をつくる。異なる文化に配慮した環境構成、教材開発、保護者や地域人材の活用など、自文化を学ぶ機会をつくり、関心や理解を醸成する。

・継承語は、主体形成の基盤であり、第二言語習得の際の言語能力の基礎であり、また、親やエスニック集団とのコミュニケーションの手段であることを踏まえ、学校内外において「ⅱ. 継承語の学習」の機会をつくる。学校の正規の時間、放課後や休みの時間、ボランティアの活用、学校外の利用などを工夫し、継承語の能力の伸長を図る。

③多文化社会で生きる力の育成

多文化市民を育成するために、多文化社会で生きる力（コンピテンシー）を培っていく。そのためには、例えば、

・多文化に関する知識に習熟するために、日本人の視点からのカリキュラム編成から「ⅰ. 多文化のカリキュラム」編成へと転換させる。多様な文化を学び、多文化なパースペクティブを培うことで、日本人性のもたらす自民族中心主義的な見方の克服をめざす。

・マジョリティとマイノリティなど異なる集団間には、人種差別、性差別など種々の衝突、軋轢、差別などがあるが、そうした「ⅱ. 偏見や差別の軽減」をめざす指導を進める。人権意識を育てるとともに、偏見や差別を自分自身の問題として考えられるように促す。

・異なる文化をもつ人々がお互いにスムーズな意思疎通ができるように、「ⅲ. 異文化間コミュニケーション力」を育成する。言葉の違いだけでなく、文化が異なるために生起するコミュニケーション上の問題の理解も支援し、異文

化間の対話を促す。

・多文化共生社会を築いていくためには一人ひとりが行動的な市民になること
　が求められるが、そのための「iv. 社会的行動力の育成」を促す。多文化共
　生の課題について、話し合い、ともに問題解決に取り組む学習を進める。

　以上のように、多文化教育は、人間として共通した学習権の保障を基礎に、
文化や個人の差異に柔軟に応じる教育を展開することを通して、多文化社会で
生きる市民を育成していくものである。ユニバーサルデザインとしての多文化
教育の実現には、マイノリティの視点から、日本の学校の脱構築、それを踏ま
えた再構築がめざされなければならない。

おわりに

　本章では、日本人性という概念を手がかりにしながら、日本型多文化教育の
考え方について考察してきた。そこで明らかになったのは、日本人性というも
のが、目に見えない文化実践、自己・他者・社会をみる視点、あるいは、日本
人の構造的な特権として、学校教育を構成する根底にあり、文化的な同化を強
力に進める形で機能しているということである。日本の学校は、日本人として
のマジョリティ性に基づいているため、グローバリゼーションに伴い著しく増
加している異質な文化をもつ人々との接触やその受容といった課題に十分応え
られていない現状にある。

　確かに、在日外国人の在住期間の長期化や定住化が進むなかで、近年では、
関係省庁連絡会議による「生活者としての外国人」に関する総合的対策などが
策定されている（2006年）。文部科学省でも外国人児童生徒教育の充実につい
ての通知（2006年）、「外国人児童生徒教育の充実方策について」の提言（2007
年）、「定住外国人の子どもの教育等に関する政策懇談会」を踏まえた「文部科
学省の政策のポイント」が示されるなど（2010年）、取り組みが進んでいるこ
とも事実である。

　しかし、外国人を取り巻く言説とその教育の状況はあまり変わっていない。
多文化の狭間で生起する諸現象・問題の背後には、「日本人であること」に

よってもたらされる目に見えない文化の実践や規範などという暗黙のルールが確固として存在しているのである。

　したがって、日本の学校教育においては、日本人の社会的意味を問い、日本人性を問い直していく作業を通して、外国人児童生徒教育から多文化教育へのコペルニクス的転回といった抜本的な教育改革が求められているといえる。移民時代を迎え、だれもがありのままで生きられる多文化共生社会にしていくためにも、ユニバーサルデザインとしての日本型多文化教育への展開が今必要とされているのである。

　続く第Ⅱ部では、本章で検討した多文化教育の枠組みをいかに具体化していけばよいのかという点から、カリキュラム・授業・教育プログラムのデザインや学校づくりなどについて検討することにする。

注

(1) 多文化教育は、その対象として一般に、人種・民族、ジェンダー、社会階層、セクシャリティ、障がい、年齢など多様な人間の差異を含める。本章では、移民時代の到来という日本の今日的な課題を扱うため、日本人と外国人という差異を中心に検討する。

(2) 外国人児童生徒教育といっても論者によって捉え方がさまざまである。ここでは、「定住外国人の子どもの教育等に関する政策懇談会」の意見を踏まえた「文部科学省の政策のポイント」について（文部科学省　平成22年5月19日）の文書に示されている定住外国人の子どもの教育等の枠組みに基づいて整理している（https://www.mext.go.jp/b_menu/shingi/chousa/kokusai/008/toushin/1294066.htm　2023年8月25日最終閲覧）。

引用・参考文献

内閣府（2023）「令和5年版高齢社会白書」https://www8.cao.go.jp/kourei/whitepaper/w-2023/zenbun/05pdf_index.html（2023年8月31日最終閲覧）.

中島和子編著（2010）『マルチリンガル教育への招待——言語資源としての外国人・日本人年少者』ひつじ書房.

藤川隆男編（2005）『白人とは何か——ホワイトネス・スタディーズ入門』刀水書房.

松尾知明（2007）『アメリカ多文化教育の再構築——文化多元主義から多文化主義へ』明石書店.

松尾知明（2011）『多文化共生のためのテキストブック』明石書店.

毛受敏浩（2017）『限界国家——人口減少で日本が迫られる最終選択』朝日新書.

Banks, J. A. (Ed.) (2009) *The Routledge International Companion to Multicultural Education*, Routledge.

Banks, J. A. & Banks, C. A. M. (Eds.) (2009) *Multicultural Education: Issues and Perspectives* (7th ed.), Wiley.

Frankenberg, R. (1993), *White Women, Race Matters: The Social Construction of Whiteness*, University of Minnesota Press.

Hall, S. (1996) On Postmodernism and Articulation, In Morley, D. & Chen, K.-H. (Eds.) *Stuart Hall: Critical Dialogues in Cultural Studies*, Routledge, pp.131-150.

Ladson-Billings, G. (2009) *The Dreamkeepers: Successful Teachers of African American Children* (2nd. ed.), Jossey-Bass Publishers.

Ladson-Billings, G. (2021) *Culturally Relevant Pedagogy: Asking a Different Question*, Teachers College Press.

McIntosh, P. (1989) White Privilege: Unpacking the Invisible Knapsack, *Peace and Freedom 49(4)*, pp.10-12.

第Ⅱ部

日本型多文化教育の
カリキュラムと授業デザイン

日本型多文化教育では、カリキュラム、授業、教育プログラムなどの学びの経験をどのようにデザインすればよいのだろうか。学校づくりをいかに進めたらよいのだろうか。第5～8章では、日本型多文化教育の進め方を検討したい。多文化教育のカリキュラムデザイン（第5章）、授業づくり（第6章）、多文化クラスでの授業づくり（第7章）、海外研修のプログラムデザイン（第8章）についての具体的な考え方や手順を提案する。

多文化教育のカリキュラムデザイン
──学びの経験をどうつくるのか

はじめに

　日本型多文化教育のカリキュラムをいかに構想し、授業づくりをどのように進めていけばよいのだろうか。その手がかりとして、「異文化間能力（intercultural competencies）」の概念に着目したい。

　ここで、異文化間能力とは、異なる文化と文化の狭間で効果的に生きることのできる能力をいう（松尾・森茂 2016）。地球の縮小化が加速し、文化的に異なる人々との相互の交流や依存が深まる今日、だれにでも求められるようになったのが異文化間能力である。では、日本においては、どのような異文化間能力が必要とされているのだろうか。また、異文化間能力を育成するカリキュラムや授業をいかにデザインしていけばよいのだろうか。

　第5章では、日本人性を脱構築する視点を提示するとともに、異文化間能力をもとに多文化市民に求められる資質・能力の中身を検討し、そうした資質・能力を育てる多文化教育のカリキュラムデザインの考え方と進め方について明らかにすることを目的とする。

　具体的には、同心円的から多文化・グローバルなパースペクティブへといった日本人性を脱構築する視点を提示するとともに、日本人性の概念をもとに異文化間能力とその構成要素を検討して、異文化間能力を育む多文化教育のカリキュラムデザインについて、学校レベルおよび授業レベルでどのように進めていけばよいのかを提案したい。

1. 日本人性を脱構築する視点──同心円的から多文化・グローバルなパースペクティブへ

　ここで、多文化教育のカリキュラムを考える上での視点となる自民族中心主

義的な意識を克服し日本人性を脱構築していく枠組みを提示したい。

(1) 日本人というマジョリティ性を克服するという課題

　日本人性は、第2・3章で検討したように、日本社会において暗黙の了解として文化実践やものの見方・考え方、構造的な特権を形成している。こうした目に見えないマジョリティ中心のルールや規範のもとで、マイノリティの声は気づかれることがないまま、日本社会の基準に合わないものとして排除される傾向にある。

　例えば、距離についての数学の授業を考えてみよう。授業では、日本語が使われ日本のやり方で学習が進められる。日本人（マジョリティ）にとってはごく自然なことである。

　しかし、来日して日常会話ができ始めたばかりの外国人（マイノリティ）中学生の場合だったらどうだろうか。授業を理解し学習に参加するには、日本語で数学の専門用語や語彙を理解して、それらを使い表現することが求められる。さらに、メートルとヤードの度量衡、筆算のやり方、学習方法、生徒と教師の関係などが国や地域により異なる場合があるため、文化的な離齬を感じるかもしれない。ふつう、当然とされる日本語や日本式の学び方といった言語や文化の差異が、授業の理解や学習への参加を阻む壁となって存在するのである。

　この例のように、日本人（マジョリティ）と外国人（マイノリティ）では同じ数学の授業でも、そこで現実に経験している内実は大きく異なっているのである。

　したがって、多文化共生をめざすには、日本人と外国人の間の非対称な社会関係への気づきがまず必要になってくるだろう。そうした気づきを出発点に、マイノリティの立場や状況について想像力を働かせ理解を心がける一方で、日本人性がもたらす力作用や文化実践を克服し、より公正で平等な社会関係に組み換えていくことが重要だろう。

(2) 日本人性の脱構築に向けて

　では、日本人性についての気づきとその脱構築をどのように進めていけばよいのだろうか。多文化教育において求められるのは、図3に示すように、「同心円的なパースペクティブ」を意識化するとともに、「多文化なパースペク

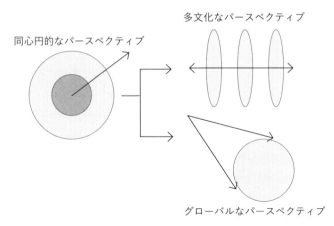

多文化なパースペクティブ

同心円的なパースペクティブ

グローバルなパースペクティブ

図3　同心円的・多文化・グローバルなパースペクティブ

ティブ」及び「グローバルなパースペクティブ」を育んでいくことで、日本人性を意識化し相対化していくアプローチであろう（松尾 2011）[1]。

①同心円的なパースペクティブ

　私たちは、自分たちの生まれ育った経験や文化を通して、ものごとについて考えたり理解したりしている。自己・他者・身の回りの世界について、自文化の視点から捉える見方や考え方をここでは同心円的なパースペクティブという言葉で呼ぶことにする。日本人性に基づくこの自文化を中心に世界を認識する見方や考え方は、自民族中心主義的な傾向を生んでいる。

　同心円的なパースペクティブは、異なる文化集団との接触が少なかった時代にはそれほど問題はなかった。しかし、グローバル化が加速する今日的な状況のもとでは、自民族中心主義的なものの見方は、諸集団の準拠するパースペクティブ間に誤解や軋轢を生じさせ、集団間の緊張関係、衝突、紛争に帰結することになりかねない。異なる人々や文化の理解を阻むこうした自民族中心主義的傾向は、偏見や誤解を生み、集団間の争いの原因となるのである。

　したがって、多文化教育の中心的な課題の一つに、「同心円的なパースペクティブ」の意識化とその克服が挙げられるだろう。他者理解を方向づけている

自文化のレンズを意識化していくことで、日本人性を背景とした自民族中心主義的なものの見方・考え方を脱中心化していくことが求められるのである。

②多文化なパースペクティブ

日本人性のもたらす自民族中心主義的な見方・考え方を相対化して克服していくためにも、多文化なパースペクティブの涵養が求められる。

多文化なパースペクティブとは、自分とは異なる文化を学び、ものごとをいくつかの異なる文化の視点から相対的に捉えることのできる見方をいう。これは、複数の文化集団を横断的な視点から捉えるもので、言葉を変えれば、クロス・カルチュラルな見方といえる。

すなわち、異なる「視点」を学ぶことで、自分にとって常識や真理と捉えられているものごとにも、別の見方や考え方があることを知ることができる。多文化の視点を学ぶという過程は同時に、自らのものの見方、感じ方、考え方にとらわれている自分自身を意識化して、ステレオタイプや偏見からの解放をめざす試みといえる。このような自己の脱中心化と異なる他者の理解とを同時に進めていくことが必要であろう。

集団内の多様性にも十分な配慮をしつつ、一人ひとりの物語にしっかり耳を傾けることを通して、異なる文化の見方や考え方を学び、多文化なパースペクティブを培っていくことが必要である。

③グローバルなパースペクティブ

日本人性のもつ自民族中心主義的な見方・考え方を相対化していくには、多文化なパースペクティブとともに、グローバルなパースペクティブの涵養が求められるだろう。

図3で示したように、多文化なパースペクティブが、複数の文化集団を横断的に貫いた視点から捉えようとするのに対し、グローバルなパースペクティブはさまざまな文化集団の総体を鳥瞰した立場から捉えようというものである。

確かに、私たちは多種多様な文化集団に属しており、それぞれがきわめてユニークな存在である。その一方で、それぞれに異なる私たちは、同時に同じ人間であり、深刻な地球規模の課題にともに直面していることも事実である。

すなわち、私たちは一人の人間としてともに人権をもっている。また、環境、安全保障、資源、人口などのグローバルな問題を抱え、異なる文化をもつ人々とともに、地球村という運命共同体を形成しているのである。

　さらにいえば、私たちは、グローバルな構造や関係が複雑に交差し合う世界に生きており、一見関係がないようにみえても、さまざまなレベルでつながり合っている存在といえる。したがって、目に見えない人間関係のウェブ（web）をつむぎ出して、異なる他者を自分との関わりのなかで理解することが重要になってくるのである。

　このように、私たちは、異なる人々とともに地球規模の問題を共有するとともに、つながり合いながら生きているというグローバルなパースペクティブを養うことが求められているといえる。

　以上、多文化教育においては、①同心円的なパースペクティブの意識化と克服、②多文化なパースペクティブ、及び、③グローバルなパースペクティブの涵養、の3つを基礎に置きながら、日本人性の脱構築を図っていくことが期待される。

2. 日本人性と異文化間能力

　では、日本人性の脱構築を進めていくために、多文化市民の資質・能力をどのように捉えればよいのだろうか。ここでは、「異文化間能力」の概念を援用して検討したい。

(1) 異文化間能力とは

　異文化間能力とは、異なる文化と文化の間で効果的に機能し、グローバルな多文化社会を生き抜く力と捉えたい。そして、その能力が意味のある文化間のコミュニケーションを生み出し、多文化共生の実現に向けて発揮されるには、自分とは異なる他者、とくにマイノリティに対する想像力が必要になってくるだろう。マジョリティとしての自分自身のありように気づくことが主要な課題の一つになるといえる。

さて、異文化間能力とは、一般には、異なる文化と文化が接触する状況において、個人が効果的に機能することのできる能力をいう。

　先行研究を概観してみると、異文化間能力に関しては、国際的には大きな研究の発展がみられる（Spitzberg & Changnon 2009, pp.7-9）。異文化間能力に関連する研究は、1960年代以降に散見されるようになり、1970〜1980年代には、intercultural competence、intercultural effectiveness、intercultural adaptationなどの用語の使用が始まった。1990年代以降には、そうした能力の測定が試みられるようになり、とくに近年では、グローバル化の進展に伴い研究の数も著しく増加しており、異文化間能力の用語を書名にもつハンドブック（Deardorff, 2009）や事典（Bennett, 2015）も編纂されている。同ハンドブックでは、第1章で22の異文化間能力を概念化するモデルが、第27章で44の異文化間能力のアセスメントツールの概要が紹介されている。一方、日本の状況をみてみると、異文化間能力に関する研究はあまり進んでいない（松尾・森茂2016）。

　異文化間能力の研究には、①定義、②育成、③アセスメントなどの領域があり（Deardorff 2015a）、世界的には大きく進展しているものの、異文化間能力の概念については、研究者の間でまだコンセンサスは得られていない（Fantini 2009, p.457）。異文化間能力に関する研究では、理論やモデルにおいて、動機、知識、スキル、文脈、成果などを捉えようとしているという共通点もみられるが、具体的な下位の概念的要素になると研究者による違いがきわめて大きいという（Spitzberg & Changnon 2009, p.35）。

　このような異文化間能力の研究を踏まえつつ、日本人性の概念に関連づけながら、異文化間能力の中身やその育成をめざす多文化教育のデザインについて次に考察したい。

(2) 異文化間能力の定義と構成要素

　異文化間能力は、異なる文化と文化の間で効果的に機能することのできる能力である。しかしながら、その能力を多文化共生社会の構築に向かわせるためには、前述のように、日本人性と対峙することが重要である。すなわち、日本社会において、「日本人であること」に由来する文化実践やものの見方・考え

方、特権は、空気の存在を意識しないように、マジョリティ（日本人）側には当然のこととして認識されない。そのため、マイノリティ（外国人）の主張は、日本社会の基準に合わないものとして排除されてしまう傾向にある。多文化の共生をめざすには、日本人性に伴う日本人と外国人の間の非対称な社会関係や不平等な社会構造を変えていく必要があるといえる。

　ここでは、異文化間能力を、日本人性の議論を踏まえて、「自らの日本人性について意識化し内省的にその社会的意味を検討するとともに、異なる人々を理解・尊重して効果的にコミュニケーションをとり、多文化共生の実現に向けて協働する力」と定義することにしたい。

異文化間能力とは

> 　異文化間能力とは、自らの日本人性について意識化し内省的にその社会的意味を検討するとともに、異なる人々を理解・尊重して効果的にコミュニケーションをとり、多文化共生の実現に向けて協働する力をいう。

　では、異文化間能力はどのような要素で構成されているのだろうか。先行研究では、能力をめぐっては、情意を含んだ広い概念として捉え、その構成要素については、知識、スキル、態度といった枠組みで整理することが多い（Deardorff 2015b, pp.217-220）。そこで、日本人性に基づく異文化間能力の構成要素についても、知識、スキル、態度の項目に従い表2のように整理することにする。

　第一に、異文化間能力で必要な知識の構成要素として、自文化、他文化、社会・世界を設定したい。自文化を知り、他文化を知り、社会・世界を知ることで、自己や他者、社会の制度や構造についての理解が深まり、多文化でのコ

表2　異文化間能力の構成要素

	構成要素		
知識	自文化	他文化	社会・世界
スキル	批判的思考	コミュニケーション	傾聴
態度	思慮深さ	寛容・共感	主体的参画

出典：松尾（2019）、p.106.

ミュニケーションが深まり、共生を推進していくための知見が得られるだろう。

第二に、異文化間能力で必要なスキルとしては、批判的思考、コミュニケーション、傾聴を挙げたい。差異のポリティックスを伴う文化と文化の狭間で機能するには、事象について批判的に思考するスキル、効果的なコミュニケーションをとるスキル、自分とは異なる立場や経験をもつ人々の声を傾聴するスキルなどが重要だろう。

第三に、異文化間能力で必要な態度には、思慮深さ、寛容・共感、主体的参画を挙げることにしたい。異なる文化や人々に対する判断留保や内省を含めた思慮深くある態度、人権感覚に裏打ちされた異なる人々やその経験、文化に対する寛容さや共感する態度、多文化共生社会の形成に協働して主体的に参画しようとする態度などが不可欠だろう。

ここでは、異文化間能力の構成要素を考えたが、実際にはこれらの知識、スキル、態度は分かちがたい総体として存在しているものである。これらの構成要素は、異文化間能力を捉える際の視点といえるもので、多文化化の急速に進む社会においては、このような知識・スキル・態度を兼ね備えた人間形成が期待されているのである。

(3) 異文化間能力の活用

では、異文化間能力の概念をその育成に向けていかに活用していけばよいのだろうか (松尾・森茂・工藤 2018)。

まず、異文化間能力の定義や構成要素は、教育プログラムや授業を設定する際の目標として活用することができる。設定した異文化間能力は、育成すべき人間像として、さまざまなレベルの教育活動でめざすべき目標に具体化するための枠組みを提供する。

また、異文化間能力の枠組みは、そうした能力を育成したり開発したりする学習活動をデザインする際に活用することができる。その枠組みは、どのようなカリキュラムにするのか、いずれの教育方法を選択するのかなど、異文化間能力の育成にあたって具体的な学習活動をデザインする指針を与えてくれる。

さらに、異文化間能力の概念は、評価規準として、そうした能力のアセスメントを設計する際に活用することができる。教育プログラムや授業を実施すると、そうした教育実践がその育成に向けて効果があったのかどうかを評価することが必要になる。異文化間能力を捉える枠組みは、そうした能力が育まれたどうかを評価する規準として活用することができる。

3. 多文化教育のカリキュラムデザイン

　ここで、異文化間能力を育てるために多文化教育のカリキュラムをどのようにデザインしていけばよいのかについて検討したい。

(1) 多文化教育の目標・内容・ルーブリック

①教育目標
　まず、異文化間能力を育てる多文化教育の目標を設定する必要がある。
　私たちは空間軸と時間軸の交差する多文化社会に生きている。空間と時間の軸に位置づけながら、多文化・グローバルな観点から、自文化、他文化、社会・世界について理解する必要があるだろう。また、私たちは多文化共生をめぐりさまざまな課題に直面している。問題解決の視点から異なる他者と対話して、多文化共生に向けて行動していくことが求められる。
　こうした認識に立って、教育実践にあたっては、多文化・グローバルな視点から、空間や時間を異にする人々を理解したり、現代社会の課題について多様な人々とともに解決したりする力量がきわめて重要になってきている。以上の議論や前述の定義と構成要素を踏まえ、異文化間能力を育てる多文化教育の目標について、以下のように設定することにしたい。

教育目標

　同心円的なパースペクティブに気づくとともに、多文化・グローバルなパースペクティブを働かせて、多文化共生をめぐる現代の諸課題を空間や時間の軸を踏まえて追究することを通して、自己、他者、社会・世界についての理解を

深めるとともに、グローバル化の進む日本や地球という多文化社会に主体的に生きる市民としての資質・能力を育成することをめざす。

①政治・経済・社会・文化・世界をめぐる概念や理論を手がかりに、自文化、他文化、社会・世界についての理解を深めるとともに、多文化共生をめぐる現代の諸課題を空間や時間の軸を踏まえて理解する。（理解）

②現代の諸課題を追究する過程で、事象について批判的に思考したり、異なる文化の間で効果的にコミュニケーションをとったり、また、自分とは異なる立場や経験をもつ人々の話を傾聴したりする。（スキル）

③異なる文化や人に対する判断留保や内省を含めた思慮深さ、人権感覚に裏打ちされた異なる人やその経験、文化に対する寛容や共感、多文化共生社会の形成に協働して主体的に参画していこうとする態度を涵養する。（態度）

②教育内容

　次に、異文化間能力を有する多文化社会の市民を育成するために、異文化間能力の目標を踏まえて教育実践の内容を具体化する。ここでは、異文化間能力の構成要素を手がかりに、①他者理解、②傾聴、③マジョリティ性の気づき、④社会構造の理解、⑤グローバル社会の理解、⑥地球規模の課題、⑦多文化市民としての参画、の内容及びそれぞれの内容で取り扱うキー概念を設定した。

教育内容

①他者理解：自分とは異なる文化をもつ国内外の人々の経験や歴史、文化に関心をもち、それらを理解し尊重しようとする。（概念：自己、他者、文化、多文化、社会、アイデンティティ）

②傾聴：文化が異なるために起こるコミュニケーション上の問題を理解するとともに、文化的に異なる人々と積極的に交流してコミュニケーションをとり、真摯に話に耳を傾けようとする。（概念：異文化間コミュニケーション、傾聴）

③マジョリティ性の気づき：自文化を他文化との比較を通して学ぶことで、日本人性のもたらす自民族中心主義的な見方に気づく。（概念：日本人性、自民族中心主義）

④社会構造の理解：マジョリティとマイノリティから構成される多文化社会の構

造や現実についての理解を深め、偏見や差別を自分自身の問題として考えよう
とする。（概念：マジョリティとマイノリティ、偏見、差別、権力、人種主義）
⑤グローバル社会の理解：グローバル化が進むなかで、もの、情報、人のボーダ
レスな相互関係や相互依存が深まっているグローバル社会について理解しよう
とする。（概念：グローバル化、ボーダレス化、移民、難民、経済格差）
⑥地球規模の課題：持続可能な社会をめざして、環境、人権、平和など地球的な
諸課題について理解し、問題解決に取り組もうとする。（概念：持続可能な社
会、環境、人権、平和、国連）
⑦多文化市民としての参画：多文化共生社会を築く市民をめざして、現代社会の
課題について話し合い、主体的に行動しようとする。（概念：多文化共生、多文
化主義、社会統合、市民、社会参画）

出典：松尾（2019）、pp.108-109.

③ルーブリック

　さらに、日本人性に基づく異文化間能力の構成要素である、知識（自文化、
他文化、社会・世界）、スキル（批判的思考、コミュニケーション、傾聴）、態度（思
慮深さ、寛容・共感、主体的参画）の項目を踏まえ、異文化間能力の形成状況を
捉える表3のようなルーブリック（評価指針、評価基準表）を設定する。

(2) 学校レベルのカリキュラムデザイン

　では、どのようにして学校レベルのカリキュラムのデザインに具体化してい
けばよいのだろうか。そのプロセスや留意事項を示したい。

①学校目標の設定と共通理解

　第一に、学校の教職員全体で、これまでの議論なども参考に、育みたい多文
化社会を生き抜く資質・能力の目標を明確に設定し、共通理解を図ることが重
要である。目標を基準にして教育の内容・方法・評価は構造的に設計され、そ
の実施を支える条件整備が整えられる。すべては目標の実現に向けて準備され
るため、カリキュラムデザインの要となる目標を設定し、共有することがまず
必要になってくる。

　学校目標の設定にあたっては、地域、学校、児童生徒の実態を把握して、学

表3　ルーブリック

	十分に基準を満たす	おおむね基準を満たす	基準に近づいている	努力を要する
知識	歴史的（時間）認識・地理的（空間）認識に立って、政治・経済・社会・文化の視点から、自文化、他文化、社会・世界について、また、多文化共生をめぐる現代の諸課題について十分な知識をもっている。	歴史的（時間）認識・地理的（空間）認識に立って、政治・経済・社会・文化の視点から、自文化、他文化、社会・世界について、また、多文化共生をめぐる現代の諸課題についてある程度の知識をもっている。	歴史的（時間）認識・地理的（空間）認識に立って、政治・経済・社会・文化の視点から、自文化、他文化、社会・世界について、また、多文化共生をめぐる現代の諸課題について知識が増えてきている。	歴史的（時間）認識・地理的（空間）認識に立って、政治・経済・社会・文化の視点から、自文化、他文化、社会・世界について、また、多文化共生をめぐる現代の諸課題についての知識をあまりもっていない。
スキル	現代の諸課題を追究する過程で、自文化、他文化、社会・世界について批判的に思考したり、異なる人々と効果的にコミュニケーションをとったり、異なる人々の話を傾聴したりすることが十分にできている。	現代の諸課題を追究する過程で、自文化、他文化、社会・世界について批判的に思考したり、異なる人々と効果的にコミュニケーションをとったり、異なる人々の話を傾聴したりすることがある程度できている。	現代の諸課題を追究する過程で、自文化、他文化、社会・世界について批判的に思考したり、異なる人々と効果的にコミュニケーションをとったり、異なる人々の話を傾聴したりすることが少しでき始めてきている。	現代の諸課題を追究する過程で、自文化、他文化、社会・世界について批判的に思考したり、異なる人々と効果的にコミュニケーションをとったり、異なる人々の話を傾聴したりすることがあまりできていない。
態度	異なる人々やその経験、文化に対して、判断留保や内省を含めた思慮深さ、人権感覚に裏打ちされた寛容や共感、多文化共生社会の形成に協働して主体的に参画していこうとする態度を十分にもっている。	異なる人々やその経験、文化に対して、判断留保や内省を含めた思慮深さ、人権感覚に裏打ちされた寛容や共感、多文化共生社会の形成に協働していこうとする態度をある程度もっている。	異なる人々やその経験、文化に対して、判断留保や内省を含めた思慮深さ、人権感覚に裏打ちされた寛容や共感、多文化共生社会の形成に協働していこうとする態度が少しもてるようになってきている。	異なる人々やその経験、文化に対して、判断留保や内省を含めた思慮深さ、人権感覚に裏打ちされた寛容や共感、多文化共生社会の形成に協働して主体的に参画していこうとする態度をあまりもっていない。

出典：松尾（2021）、p.11をもとに作成。

校の文脈に即して設定する必要がある。学校の状況はさまざまである。例えば、外国につながる子どもは、全国のおよそ2割にあたる学校に在籍しているが、集住地域もあれば散在地域もある。これらの学校のなかには、外国につながる児童生徒が100人を超え、全体の半分以上を占めるような学校もある一方で、ほとんどの学校では数人と少人数で、これらの子どもが在籍していない学校も多い。

　学校の文脈やニーズに応じて、前述の多文化教育の目標と内容をベースに、

取捨選択あるいは追加して、学校レベルの目標や内容を具体的に設定し共有することが考えられる。学校の学びの到達点として、卒業までにどのような異文化間能力を育てたいのか、何がどこまでできるようになってほしいのかなどを、子どものパフォーマンスの形で徹底的に議論し、共通理解を図りながら目標を設定するものとする。

②カリキュラムのデザイン

　第二に、多文化教育の目標を実現した児童生徒の姿をイメージして、そのような子どもへと高められるようなカリキュラムを構想する。教育目標を系列的に示すと、学校教育目標→教育課程の基本方針→教科等の年間計画→単元計画→授業ということになる。各段階において多文化教育の目標を具体化して、その実現に向けた学びの経験をデザインしていくことになる。

　具体的には、教職員全体で多文化教育の目標が設定され共有されると、次に各段階における目標を設定し、学びの経験をデザインすることになる。担当する学年、教科や領域などの各段階や分野において、何がどこまでできるようになることが求められるのかを検討して、目標を具体化していく。その上で、各教科、特別活動、総合的な学習の時間などのなかで、目標に照らしてどのような単元が構想できるのか、いかなる学習活動が可能なのかなどを考える。そしてそれらのアイデアを持ち寄り、児童生徒の学校生活の連続性を考え、総合的な学習の時間をベースに教科や特別活動等を組み合わせたりしながら教科領域等横断のカリキュラムを構想していく。

　以上のように、教職員で共通理解した多文化教育の目標を系列に従って順次具体化して、その目標に照らして単元のアイデアを検討し合い、スコープとシークエンスを調整しながらカリキュラムのデザインを進めていく（なお、多文化教育のカリキュラムの具体例については、巻末の資料2を参照されたい）。

③条件整備のデザイン

　第三に、学びを広く捉え、学校の組織や文化、外部との連携・協働などを含めた学びの条件整備をデザインする。組織文化については、管理職、担任、日本語指導担当教員、その他の教職員との連携と情報交換を促したり、校内研修

を通して多様な文化や言語は学校を豊かにするといった共通の価値観を醸成したりすることが重要である。また、外部との連携・協働として、教育委員会の専門家や外部人材（日本語指導協力者、学習支援ボランティア、通訳など）、地域のNPO・ボランティア団体などの地域人材を発掘したりするなど、教育委員会や地域との連携体制づくりを進めることも大切になってくる。効果的な学びのデザインには、学びの条件整備が欠かせない。

④カリキュラムの評価と改善

　第四に、多文化教育の目標をもとに計画した学びの経験（カリキュラムと条件整備）を実際に実施して、データに基づいてPDCAのサイクルを回し、評価・改善を図っていく。その際、異文化間能力の形成状況を捉える前述のルーブリック（表3）も活用しながら、事前にデータの収集や分析のプランを立て、エビデンスに基づいて学びの経験を評価・改善していく。意味ある学びを実現していくためにも、何をめざすのかという視点からエビデンスに基づいて学びの改善を不断に進めていくことが重要である。

　学校レベルのカリキュラムは、以上のように、①学校目標の設定と共通理解、②カリキュラムのデザイン、③条件整備のデザイン、④カリキュラムの評価と改善といったカリキュラムマネジメント[2] を進めていくことが求められる。

(3) 授業レベルのカリキュラムデザイン

　次に、授業レベルのカリキュラムデザインについて考えたい。多文化教育の視点から、どのように授業をデザインしていけばよいのだろうか。中学校における偏見や差別を考える授業を事例に授業づくりのポイントを検討してみたい。

①子どもの実態を把握する

　授業とは、教育目標の達成をめざして、教師が教材を媒介に子どもに働きかける営為である。授業づくりのポイントの1つ目は、単元で指導する内容をめぐる子どもの実態を的確に捉えることにある。実態把握にあたっては、単元で扱う内容の観点から、児童生徒の状況を捉えることが重要である。授業で扱う

テーマについて、質問をしたり、知っていることを書かせたり、アンケートをとったりするなどの手立てを講じながら、実態の把握に努めるようにする。

　ここでは、偏見と差別をテーマとした中学校での授業を事例に考えたい。生徒の実態は、次のように想定しておく。生徒は、偏見や差別はいけないことだと思っている一方で、偏見をもち差別をするのは特別な人で自分とは関係がないと考えている。また、クラスには外国につながる子どもも在籍しており、そのなかには外国人であることによる目に見えない偏見や差別を日ごろ感じている生徒もいる。そこで、本授業では、マイノリティの気持ちを想像させるとともに、自分とは異なる立場の外国につながる仲間との話し合いを通して、マジョリティとマイノリティについての理解を深めたい。

②単元の目標を設定する

　授業づくりのポイントの2つ目は、単元の目標を明確に設定することである。子どもの実態を捉えると、次に、年間指導計画などを手がかりにしながら、単元の目標を明確に設定することになる。目標の設定にあたっては、単元の学習を通してどのような異文化間能力の形成をめざすのかを、具体的な児童生徒の姿として表現することが大切である。

　本授業では、前述した多文化教育の教育内容のリストのなかの④「マジョリティとマイノリティから構成される多文化社会の構造や現実についての理解を深め、偏見や差別を自分自身の問題として考えられるようにする。（概念：マジョリティとマイノリティ、偏見、差別、権力、人種主義）」を扱っている。本授業のねらいは、年間指導計画を踏まえ、「クラスのなかのマジョリティとマイノリティについて考えることを通して、偏見や差別を自分自身の問題として考えられるようにする」と設定する。

③教材を選択・開発する

　授業づくりのポイントの3つ目は、教育内容を指導するために適切な教材の選択や開発をすることである。単元の教育目標が設定されると、その目標に迫るために、どのような教材を活用するかを決定することになる。目標を達成していくためには、児童生徒の実態を踏まえて、いかに効果的な教材を活用でき

るのかが問われることになる。

　本授業では、偏見や差別について考えるための映像資料として、「青い目、茶色い目」を活用することにしたい（松尾 2020）。これは、アイオワ州ライスビルのエリオット先生がキング牧師の暗殺を受けて、白人の児童に対して行ったもので、全米で放映され大きな反響を呼んだ実験授業の動画である。青い目か茶色い目かといった目の色の違いをもとに偏見や差別を実体験することを通して、人種差別についての理解を深めようという試みである。

④学習活動を組織する

　授業づくりのポイントの4つ目は、学習過程の効果的なデザインである。目標も決まり教材が選択されると、学習活動をいかに組織するのか、どのような指導や支援をするのかなど、実際の授業について考えることになる。

　授業の導入では、つかみと見通しをもたせることが重要である。本時では、アメリカで外国人になって「人の心を慮ったり、人の痛みを想像したり」できるようになったというアメリカ大リーグのイチローの言葉を紹介し、自分とは異なる他者について共感することの大切さを考えさせ、本時のねらいをつかませる。

　授業の展開では、山場となる活動として、主体的・対話的で深い学びをデザインすることが重要である。本時では、「青い目、茶色い目」の映像を鑑賞させ、思考する十分な時間をとって、偏見や差別ははじめからあるものではなく社会的につくられるものであることや、マイノリティの立場や心情を想像することの大切さなどについて考えさせたい。さらに、クラスの外国につながる生徒と議論する場面をつくり、マイノリティであることについて自分の問題として捉えさせたい。

　授業のまとめでは、学びの振り返りと総括、学んだことの活用・応用、次時へのつなぎなどへの配慮が必要である。事例では、学習を振り返り、偏見や差別について学んだことを確認するとともに、宿題として身の回りに起こっている偏見や差別について調べてくる課題を提示する。

　授業レベルでは、内容のひとまとまりである単元をもとに、①子どもの実態

を把握する、②単元の目標を設定する、③教材を選択・開発する、④学習活動を組織する、といった手順で進めていくのである。

おわりに

　本章では、日本人性の概念に焦点を置きながら、同心円的なパースペクティブの意識化と克服、多文化及びグローバルなパースペクティブの育成といったアプローチを示し、異文化間能力を育成する多文化教育の進め方について検討してきた。異文化間能力を「自らの日本人性について意識化し内省的にその社会的意味を検討するとともに、異なる人々を理解・尊重して効果的にコミュニケーションをとり、多文化共生の実現に向けて協働する力」と定義し、その構成要素として、知識（自文化、他文化、社会・世界）、スキル（批判的思考力、コミュニケーション、傾聴）、態度（思慮深さ、寛容・共感、主体的参画）を設定した。また、定義と構成要素をもとに、教育目標、教育内容、ルーブリックを作成した。

　さらに、多文化市民としての資質・能力の育成をめざして、子どもの実態を踏まえ、育みたい子ども像の具体化とそれに基づくカリキュラムデザインのプロセスを検討した。学校レベルでは、①学校で育てたい生徒像を明確に設定し共有し、②その育成のためのカリキュラムを立案し、③学校の組織や文化、外部との連携・協働などを含んだ条件整備をデザインし、④カリキュラムの評価と改善をするといったプロセスが考えられる。そうした学校レベルのカリキュラムをベースに、授業レベルでは、①子どもの実態を把握する、②単元の目標を設定する、③教材を選択・開発する、④学習活動を組織するといった手順が考えられる。多文化教育の充実を図っていくためには、育みたい人間像を具体化して、いかに子どもの学びの経験としてのカリキュラムをデザインし、その実施と不断の改善を図っていくのかといったマネジメントの視点は重要だろう。

　このような異文化間能力の育成を試みる多文化教育の実践は、移民時代を迎えた現在、きわめて重要な課題になったといえるだろう。日本社会の多文化化が急速に進むことが予想されるなかで、差異にかかわらずだれもが自分らしく生きられる社会を築いていくためにも、日本人であることの社会的意味を問い直し、多文化共生を協創していく異文化間能力の育成が必要とされているので

ある。

　続く第6章では、多文化市民の育成をめざして、社会認識と問題発見解決力を育むという視点から授業づくりについて具体的に検討したい。

注

(1) 永井（1989）は、国際理解教育のさまざまな理論と実践は、大別すると文化理解的アプローチと問題解決的アプローチの2つに分けられるとしている（pp.143-144）。また、加藤（1993）は、同心円的な見方、クロス・カルチュラルな見方、グローバルな見方について論じている。

(2) カリキュラムマネジメントの概念は、教育課程経営論を基盤に、学校の教育目標を実現するために必要な教育活動（カリキュラム）と条件整備活動（マネジメント）を連関させるという視点から構想されたものである（中留・曽我 2015）。車にたとえて考えると、エンジンにあたるカリキュラムと車輪にあたるマネジメントがそれまで別々に扱われていたが、車を動かすためにはそれらを関連づける必要があるという発想から考案されたものという。

　カリキュラムマネジメントの概念は、1990年代の終わりに、「総合的な学習の時間」が導入されるなかで注目を集め、2003年の中央教育審議会の答申以降、その推進が学校改革の主要な課題の一つとされてきた。2018・2019年改訂の新学習指導要領では、資質・能力の育成をめざした教育課程を実現する中核の課題として、カリキュラムマネジメントの確立が位置づけられることになった。カリキュラムマネジメントとは、同答申によれば、各学校において、「学習指導要領等を受け止めつつ、子供たちの姿や地域の実情等を踏まえて、各学校が設定する学校教育目標を実現するために、学習指導要領等に基づき教育課程を編成し、それを実施・評価し改善していくこと」をいう（中央教育審議会 2016, pp.23-24）（カリキュラムマネジメントの詳細は、松尾 2016を参照）。

引用・参考文献

加藤幸次（1993）「価値多元社会」石坂和夫（代表編集者）『国際理解教育事典』創友社、pp.32-35.

中央教育審議会（2016）「幼稚園、小学校、中学校、高等学校及び特別支援学校の学習指導要領等の改善及び必要な方策等について（答申）」平成28年12月21日.

永井滋郎（1989）『国際理解教育──地球的な協力のために』第一学習社.

中留武昭・曽我悦子（2015）『カリキュラムマネジメントの新たな挑戦──総合的な学習における連関性と協動性に焦点をあてて』教育開発研究所.

松尾知明 (2011)『多文化共生のためのテキストブック』明石書店.

松尾知明 (2016)『未来を拓く資質・能力と新しい教育課程――求められる学びのカリキュラム・マネジメント』学事出版.

松尾知明 (2019)「多文化教育と日本人性――異文化間能力の育成に向けて」『法政大学キャリアデザイン学部紀要』第16巻、pp.103-113.

松尾知明 (2020)『「移民時代」の多文化共生論――想像力・創造力を育む14のレッスン』明石書店.

松尾知明 (2021)『多文化クラスの授業デザイン――外国につながる子どものために』明石書店.

松尾知明・森茂岳雄 (2016)「異文化間能力を考える――多様な視点から」異文化間教育学会編『異文化間教育』第45号、pp.19-33.

松尾知明・森茂岳雄・工藤和宏 (2018)「異文化間能力を生かす――実践に向けて」異文化間教育学会編『異文化間教育』第47号、pp.1-15.

Bennett, J. M. (Ed.) (2015) *The Sage Encyclopedia of Intercultural Competence*, Sage Publications.

Deardorff, D. K. (Ed.) (2009) *The Sage Handbook of Intercultural Competence*, Sage Publications.

Deardorff, D. K. (2015a) Intercultural Competence: Mapping the Future Research Agenda, *International Journal of Intercultural Relations 48*, pp.3-5.

Deardorff, D. K. (2015b) Definitions: Knowledge, Skills, Attitudes, In Bennett, J. M. (Ed.), *The Sage Encyclopedia of Intercultural Competence*, Sage Publications, pp.217-220.

Fantini, A. E. (2009) Assessing Intercultural Competence: Issues and Tools, In Deardorff, D. K. (Ed.), *The Sage Handbook of Intercultural Competence*, Sage Publications, pp.456-476.

Spitzberg, B. H. & Changnon, G. (2009) Conceptualizing Intercultural Competence, In Deardorff, D. K. (Ed.), *The Sage Handbook of Intercultural Competence*, Sage Publications, pp.2-52.

多文化市民を育てる授業デザイン
——社会認識と問題発見解決力を育む

はじめに

　多文化教育は市民性教育である。多文化社会の市民としての資質・能力を育成することがめざされる。第6章では、新学習指導要領を踏まえつつ、社会科系教育[1]で検討の進む社会認識や問題発見解決力の育成を手がかりに、多文化市民としての資質・能力を育てる授業づくりについて考察したい。

　グローバルな知識社会が進展するなかで、コンテンツからコンピテンシーへの転換が焦点となっており、社会を生き抜くためのコンピテンシーの育成をめざした教育改革が世界的な潮流となっている（松尾 2015）。日本における新しい学習指導要領においても、変化の激しい予測の困難な社会で、よりよい未来の社会を築き、自らの人生を切り拓いていくことのできる資質・能力の育成が中心的な課題となっている。移民時代を迎えるなかで、社会科系教育においては、異なる他者とともに生きていく公民としての資質・能力の検討が直近の課題の一つとなっている。

　そこで本章では、社会認識と問題発見解決力の育成の視点から、多文化市民の資質・能力に向けた多文化教育の授業づくりについて検討することを目的とする。

　具体的には、新学習指導要領の社会科系教育を手がかりに社会認識と問題発見解決力の育成について検討し、そういった資質・能力を育てるための授業づくりのあり方を提案するとともに、多文化市民を育てるための授業事例を紹介したい。

1. 社会認識と課題発見解決力の育成に向けて

　では、多文化市民の育成をどのように進めていけばよいのだろうか。ここで

は、社会科系教育において議論されている社会認識と問題発見解決力の育成を
援用して検討することにしたい。

(1) 空間軸と時間軸に位置づく私たち

　この社会に生きている私た
ちは、空間軸と時間軸に位置
づけることができる。横軸に
空間、縦軸に時間をとると、
図4のようになる。私たちは
現在、横軸と縦軸の交差する
点に存在していることにな
る。

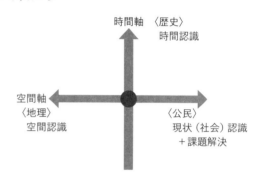

図4　時間軸と空間軸に位置づく私たち

　すなわち、横軸は空間的な
広がりを意味し、自分を中心
に地域、国、世界、宇宙のように、地理上の同心円的な広がりをもっている。
一方で、縦軸は時間の流れを意味し、過去から、現在、そして未来への歴史的
な時間の経過や推移がある。私たち自身や社会を理解するには、こうした時間
と空間の軸のなかに私たちの存在を位置づけたり意味づけたりすることが求め
られる。

　社会について研究する社会科（Social Studies）においては、横軸の空間認識
を育てる分野として地理があり、縦軸の時間認識を育てる分野として歴史があ
る。さらに、地理や歴史で培った空間認識と時間認識を踏まえ、両方の軸が交
差する点における社会認識を育てるとともに、そうした社会の理解を踏まえて
現代社会の諸課題の発見・解決をめざす分野として公民がある。

　こうした社会認識（空間認識と時間認識）を育て、現代社会の諸課題を発見・
解決していく力をつけていく社会科系教育の考え方を援用して、以下では、多
文化教育の授業づくりについて検討したい。社会科系教育は多文化教育と同様
に、地球や日本という多文化社会の市民を育てる点で共通しており、学校教育
全体を通して多文化市民を育てる教育のあり方を構想していく上で示唆に富む
ものである。

(2) 社会的な見方・考え方に基礎を置く学びへの展開

　社会科系教育において、社会認識や問題発見解決力を育成していく上で焦点となっているのが、社会的な見方・考え方である（社会科系教育における社会的な見方・考え方の展開については巻末の資料1を参照）。見方・考え方とは、私たちの思考や判断を方向づけ、見通しをもたせる概念的枠組みのことをいう。社会科系教育においては、これまでも見方や考え方を働かせて育んでいくことが重視されてきたが、新学習指導要領では資質・能力の育成のために見方・考え方がいっそう重視されている。

　社会的な見方・考え方は、図5のように、レンズにたとえることができる。ものごとを理解する上での概念的枠組みをもっていれば、そのレンズを通して社会的な事象をより深く理解することが可能になる。例えば、マイノリティの生きづらさを理解する際に、第2章や第3章で検討したような日本人性という概念的枠組みをもっているとしよう。マジョリティとマイノリティの間の差異のポリティックスを捉えるレンズを通して、多文化社会の現実を踏まえたマイノリティの声をより深く理解することができるのである。このように、日本という多文化社会をめぐっての理論や概念を学んで社会を捉えるレンズの精度が上がれば上がるだけ、より現実に近い社会の理解が進んでいくといえる。

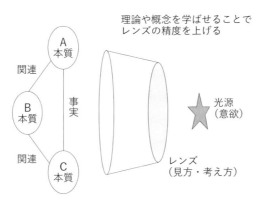

図5　社会的な見方・考え方とは？
出典：橋本（2016）、p.12をもとに作成。

社会的な見方・考え方について、中央教育審議会答申のなかでは、「課題を
追究したり解決したりする活動において、社会的事象等の意味や意義、特色や
相互の関連を考察したり、社会に見られる課題を把握して、その解決に向けて
構想したりする際の視点や方法」と定義されている（中央教育審議会 2016 別添
資料 p.13)。したがって、新学習指導要領における見方・考え方には、2つの側
面があることになる。

　一つは、社会的事象を捉える視点や方法といった側面である。これは、従来
から検討されてきたもので、概念や理論を学ぶことで、社会を捉えるレンズの
精度を上げ、社会事象の意味や意義、関連や本質を読み解くことがめざされて
いる。

　もう一つが、よりよい社会の構築に向けて課題の解決のために選択・判断す
る視点や方法の側面である。これまでの「捉える」といった側面から、捉える
だけではなく「働かせる」ことまでが視野に入れられている。概念的枠組みを
活用して、現代社会の課題を見出すとともに、それらの課題の解決に向けて見
方・考え方を働かせて主体的に社会に参画するといった側面までが期待されて
いるといえる。

　コンテンツからコンピテンシーへの転換が求められるなかで、「捉える」と
いった側面だけではなく、選択・判断といった見方や考え方を「働かせる」こ
とで、知識を活用して何かができるといった資質・能力を育むことまでが視野
に入れられているといえる。

　したがって、授業を構想していくにあたっては、現代社会の課題を学ぶだけ
では十分ではなく、社会との関わりを意識して、主体的・対話的で深い学びを
実現することで、自らが価値判断を下して社会に働きかけていくような学習活
動が求められているといえる。多文化教育においても社会認識の育成にとどま
らず、公正の立場から多文化社会の諸課題を発見・解決していくことのできる
コンピテンシーの涵養が求められる。

(3) 社会認識と現代社会の諸課題を発見・解決する力

　では、どのようにして社会認識（空間認識や時間認識）を育て、現代社会の諸
課題を発見・解決していく力量を育てていけばよいのだろうか。

表4　地理的な見方・考え方

考えられる視点例		視点を活かした、考察や構想に向かう「問い」の例
○位置や分布に関わる視点： 　絶対的、相対的 　規則性、傾向性、地域差など ○場所に関わる視点： 　自然的、社会的など ○人間と自然の相互依存関係に関わる視点： 　環境依存性、伝統的、改変、保全など	考察	地域の特色や地域相互の関連を多面的・多角的に考察する力 ・それはどこに位置するのだろう ・どのように分布しているのだろう ・そこはどのような場所だろう ・そこでの生活は、回りの自然環境からどのような影響を受けているのだろう ・そこでの生活は、回りの自然環境にどのような影響を与えているのだろう ・そこは、それ以外の場所とどのような関係をもっているのだろう ・その地域は、どのような特徴があるのだろう
○空間的相互依存作用に関わる視点： 　関係性、相互性など ○地域に関わる視点： 　一般的共通性、地方的特殊性など	構想	地域にみられる課題の解決に向けて、複数の立場や意見を踏まえて選択・判断する力 ・それは（どこにある、どのように広げる、どのような場所とする、どのような自然の恩恵を求める、どのように自然に働きかける、他の場所とどのような関係をもつ、どのような地域となる）べきなのだろう

出典：中央教育審議会（2016）別添資料、p.13をもとに作成。

①空間認識の育成

　空間認識は、地理的な見方・考え方を使いながら育成を図っていく。地理的な見方・考え方とは、「社会的事象を位置や空間的な広がりに着目して捉え地域の環境条件や地域間の結び付きなどの地域という枠組みの中で、人間の営みと関連付け」ることと定義され、考察、構想する際の「視点や方法（考え方）」とされている（中央教育審議会 2016 別添資料 p.13）。地理的な見方・考え方の視点例として、位置や分布、場所、人間と自然環境との依存関係、空間的相互依存関係、地域が挙げられている。また、これらの視点をめぐって、表4に示しているような考察の問い、構想の問いが挙げられている。空間認識を広げたり深めたりするには、こうした視点から問いを追究し、地理的な見方や考え方を働かせる深い学びをつくっていくことが考えられる。

②時間認識の育成

　時間認識は、歴史的な見方・考え方を使いながら育成を図っていく。歴史

表5　歴史的な見方・考え方

考えられる視点例		視点を活かした、考察や構想に向かう「問い」の例
○時系列に関わる視点： 　時期、年代など ○諸事象の推移に関わる視点： 　展開、変化、継続など	考察	時代の転換の様子や各時代の特色を多面的・多角的に考察する力 ・いつ（どこで、だれによって）起こったか ・前の時代とどのように変わったか ・なぜ、起こった（何のために行われた）か ・どのような影響を及ぼしたか
○諸事象の比較に関わる視点： 　類似、差異、特色など ○事象相互のつながりに関わる視点： 　背景、原因、結果、影響など	構想	歴史にみられる諸課題について、複数の立場や意見を踏まえて選択・判断する力 ・なぜそのような判断をしたと考えられるのか ・歴史を振り返り、よりよい未来のために、どのようなことが必要とされるのか

出典：中央教育審議会（2016）別添資料、p.13をもとに作成。

的な見方・考え方とは、「社会事象を、時期、推移などに着目して捉え、類似や差異などを明確にし、事象同士を因果関係などで関連付け」ることと定義され、考察、構想する際の「視点や方法（考え方）」とされている（中央教育審議会 2016 別添資料 p.13）。歴史的な見方・考え方の視点例として、時系列、諸事象の推移、比較、事象相互のつながりが挙げられている。また、これらの視点をめぐって、表5に示しているような考察の問い、構想の問いが挙げられている。時間認識を広げたり深めたりするには、こうした視点から問いを追究し、歴史的な見方や考え方を働かせる深い学びをつくっていくことが考えられる。

③社会認識と問題発見解決力の育成

　社会認識と問題発見解決力は、現代社会の見方・考え方を使いながら育成を図っていく。現代社会の見方・考え方とは、「社会的事象を、政治、法、経済などに関わる多様な視点（概念や理論など）に着目して捉え、よりよい社会の構築に向けて、課題解決のための選択・判断に資する概念や理論などと関連付け」ることと定義され、考察、構想する際の「視点や方法（考え方）」とされている（中央教育審議会 2016 別添資料 p.13）。現代社会の見方・考え方の視点例として、現代社会を捉える視点（対立と合意、効率と公正、個人の尊重、自由、平等、選択、配分、法的安定性、多様性など）、社会にみられる課題の解決を構想する視

表6　現代社会の見方・考え方

考えられる視点例		視点を活かした、考察や構想に向かう「問い」の例
○現代社会を捉える視点： 対立と合意、効率と公正、個人の尊重、自由、平等、選択、配分、法的安定性、多様性など	考察	社会的事象の意味や意義、特色や相互の関連を多面的・多角的に考察する力 ・なぜ市場経済という仕組みがあるのか、どのような機能があるのか ・民主的な社会生活を営むために、なぜ法に基づく政治が大切なのか
○社会にみられる課題の解決を構想する視点： 対立と合意、効率と公正、民主主義、自由・権利と責任・義務、財源の確保と配分、利便性と安全性、国際協調、持続可能性など	構想	複数の立場や意見を踏まえて構想する力 ・よりよい決定の仕方とはどのようなものか ・社会保障とその財源の確保の問題をどのように解決していったらよいか ・世界平和と人類の福祉の増大のためにどのようなことができるか

出典：中央教育審議会（2016）別添資料、p.13をもとに作成。

点（対立と合意、効率と公正、民主主義、自由・権利と責任・義務、財源の確保と配分、利便性と安全性、国際協調、持続可能性など）が挙げられている。また、これらの視点をめぐって、表6に示しているような考察の問い、構想の問いが挙げられている。社会認識を広げたり深めたり、問題発見解決力を育むには、こうした視点からの問いを追究し、現代社会の見方や考え方を働かせる深い学びをつくっていくことが考えられる。

　多文化教育の授業づくりにおいても、地球、日本、地域という多文化社会をめぐって、前述したような視点や問いをもとに空間認識と時間認識を育てることで社会認識を深めていくとともに、多文化共生に向けた諸課題を発見・解決していくためのコンピテンシーの育成が求められる。

2. 資質・能力を育てるための授業づくりのポイント

　では、多文化市民としての資質・能力を育てるための授業をいかに実現していけばよいのだろうか。これまでの議論を踏まえ、多文化教育における社会認識と問題発見解決力を育む授業づくりのポイントについて検討したい。

(1) 主体的・対話的で深い学び

　授業づくりのポイントの1つ目として、資質・能力の育成をめざすには、主体的・対話的で深い学びをデザインしていくことが挙げられる。

　グローバル化や知識社会が進展するなかで、社会を生き抜くコンピテンシー（資質・能力）の育成が求められており（松尾 2016）、コンピテンシーに基づく教育改革が世界的な潮流となっている。新しい教育課程においても、変化の激しい予測の困難な社会において、よりよい未来の社会を築き、自らの人生を切り拓いていくことのできる資質・能力の育成が中心的な課題となっている。そこでは、「何を知っているか」から、知識を活用して「何ができるか」への転換が求められている。

　コンピテンシーを育てる授業づくりの基本的な方向としては、一言でいうと、teaching から learning へのパラダイム転換が求められているといえる。目標・内容・方法・評価の観点から整理すると、表7のようになる。

　教育の目標については、コンテンツからコンピテンシーへの転換で、知識を活用して何ができるのかが問われるようになる。教育の内容については、学校知識から真正な知識への転換で、実生活や実社会で活用できるリアルな知識を学んでいくことになる。教育の方法については、教授からアクティブラーニングへの転換で、高次の知的な操作を伴う深い学びをめざすことになる。教育評価については、テスト評価から真正の評価への転換で、生徒の作業実績やパフォーマンスを捉えるために、パフォーマンス評価やポートフォリオ評価などが実施されることになる。

　授業のデザインにあたっては、授業を通して育てたい具体的な学習者の姿をイメージしながら、そうしたパフォーマンスを可能にするような主体的・対話

表7　Teaching から Learning への転換

	目標	内容	方法	評価
Teaching	コンテンツ 知識の習熟	学校知識 二次資料 教科書	情報の伝達	テスト 総括的評価
Learning	コンピテンシー 真正の学力	実生活・実社会の知識 一次資料 多面的な教材	アクティブラーニング 探究 協調学習	真正の評価 形成的評価の重視

的で深い学びを構想する。社会認識と課題発見解決力を育てるには、前述のように、現代社会の見方・考え方を働かせ、社会認識を育てるとともに、どうしたらよいのか、何をなすべきかといった価値判断を伴う問題解決や意思決定を構想するような深い学びが重要である。そのためには、チョーク＆トークの教師主導型の受動的な学びから、「なるほど」と心から納得のいくような主体的・対話的で深い学びへの転換を実現できるかどうかがポイントになる。

(2) 大きな概念の同定と活用

　授業づくりのポイントの2つ目として、資質・能力を育成するには、深い学びを可能にするための「大きな概念」を同定し活用することが挙げられる。

　資質・能力を育むような深い学びとなるには、その学びに文脈を与える大きな概念を同定することが必要である。アクティブラーニングでは、学習の活動的な側面のみが強調される傾向にあるが、知識を軽視するものではない。それとは逆に、資質・能力を育むには、これまで以上に知識の質を問うものになる。学問的に裏づけられた知識ベースがあって初めてアクティブラーニングが深い学びとなり、資質・能力の育成につながっていくのである。知識を学び社会認識を育てることを欠いた課題解決は意味をなさない。

　ここで、知識といってもいくつかのレベルがある。例えば、ウィギンズとマクタイ（G. Wiggins & J. McTighe 2005）は、知識を3つのレベルに分けている。それらは、①知っておく価値があるもの、②重要な知識とスキル、③大きな概念と核となる課題である。領域固有性という概念があるが、文脈を超えた転移は簡単には起こらないことが明らかにされている。資質・能力を育てるには、学問領域等の具体的な文脈で、大きな概念と核となる課題を中心に深い学びをデザインすることが求められるのである。

　したがって、永続的な理解に至るには、大きな概念を同定することが重要である。例えば、エリクソン（H. L. Erikson 2007）は、「概念に基づくカリキュラム設計（concept-based design）」を提唱し、ばらばらな知識やスキルではなく、それらに意味を与え関連づけるような概念、テーマ、論点に注目している。彼女は、図6に示すように、知識の構造を「事実（facts）」「トピック（topic）」「概念（concept）」「原理と一般化（principle/generalization）」「理論（theory）」の階

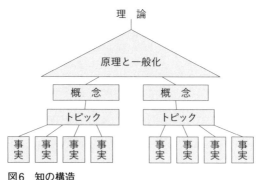

図6　知の構造

出典：Erikson（2007），p.26.

層的な関係として捉えている。

　日本型多文化教育においてアクティブラーニングを実現していくには、その領域において、エリクソンの示すような知識の構造を意識して実践することが重要である。資質・能力を育むには、必須となる大きな概念をベースに、精選したカギとなる大きな概念を深く学び、認知構造に深く刻み込まれるような教育実践を進めることが大切なのである。

　では、多文化教育を構想していく上で、必須の大きな概念にはどのようなものがあるだろうか[2]。本書では、第5章で多文化教育の目標を検討し、それらの目標に対応させて、カギとなる概念を以下のように抽出した。前述のように、これらの概念から問いが生まれ、その問いが考察・構想に向かわせ、知識が形成されることになる。学習活動を構想するにあたっては、これらの概念から該当する用語を選択して、社会認識と課題発見解決力を育てる授業をつくっていくことが効果的である。

自己、他者、文化、多文化、社会、アイデンティティ、異文化間コミュニケーション、傾聴、日本人性、自民族中心主義、マジョリティとマイノリティ、偏見、差別、権力、人種主義、グローバル化、ボーダレス化、移民、難民、経済格差、持続可能な社会、環境、人権、平和、国連、多文化共生、多文化主義、社会統合、市民、社会参画

---

(3) 探究を促す学習活動

　授業づくりのポイントの3つ目として、資質・能力の育成をめざすには、大きな概念を踏まえ、探究（問題解決）の理論を踏まえた学習活動を構想することが挙げられる。

　デューイ（J. Dewey）によれば、問題解決は、「問題的場面」に始まり、「解決された場面」で終わる、反省的な活動である[(3)]。多文化教育の授業をつくる際に、それぞれの段階では、例えば、以下の通りである。

① 「問題的場面」は、ある環境との出会いによって、現在の知識や能力ではすぐには解決できないような混乱した段階である。教師は、指導にあたって、問題や課題を与えるのでなく、なすべき何かを与えて、未知なるものであるが、おもしろそうだ、やってみようという意欲を喚起することが重要である。例えば、多文化教育の探究活動を誘発するような人、もの、情報といった題材に出会わすことが大切である。映像、自伝や文学作品、資料、ゲストスピーカー、体験学習等の感性に訴える学習材の工夫が求められるだろう。

② 「問題の形成」は、いったい何が問題なのか、解決すべき問題は何なのかをいろいろ試して、疑問を知性的に整理して、追究していく問題を明らかにする段階である。教師は、問題を与えるのではなく、環境操作を通して熟考を促し、多文化共生に必須の大きな概念を追究する問題が浮かび上がってくるように導くことが大切である。

③ 「仮説の形成」は、既存の知識や情報を手がかりに、仮説（仮の答え）を立て、どのように問題を解決していくか、問題解決のための行動計画を練る段階である。教師は、必要な知識や情報等を操作して、多文化共生に向けての仮説づくりを方向づけることが重要である。

④ 「行動による仮説の検証」は、自ら設定した解決策に基づいて、個人あるいはグループで、実際に調べたり、実験したり、体験したりする段階である。教師は、仮説を検証するために必要な方法や手続き、適切な機会や時間等を十分に提供することが大切である。日本国際理解教育学会（2012）の学習論／方法論には、参加型学習、問題解決型学習、演劇的活動、対話、国際交流学習、海外ボランティア体験学習、スタディツアー、フィールドワーク、

ロールプレイ、ディベート、シミュレーションゲーム、フォトランゲージ等の項目があるが、例えば、これらのなかから問題解決を促す文脈に適した方法を選択して、仮設の検証を進めることが期待されるだろう。

⑤「解決された場面」は、行動を通して仮説が検証され、問題が解決して、問題解決が終了する段階である。ここでは、問題を解決してきたことをまとめ、多文化共生をめぐる学習成果に関して、発表をしたり、シンポジウムを開いたり、報告書を書いたりすること等が考えられる。

　多文化教育において、社会認識と課題発見解決力を育てる主体的・対話的で深い学びをつくっていくには、①～⑤の問題解決学習の段階を踏まえた学習活動を構想していくことが効果的である。

(4) 反省的アプローチへの学びの転換

　授業づくりのポイントの4つ目として、資質・能力を育むには、多文化教育の授業においてツーリストアプローチから反省的アプローチへの学びの転換を図ることが挙げられる。

　文化理解に関わる教育実践の多くはこれまで、エキゾチックな文化、例えば、食べ物、音楽、踊り、服装、儀式などに触れて、自分とは異なる他者を理解するといったアプローチがとられることが多かった。こうした観光旅行をするなかで異国風の文化に触れるような文化理解の仕方は、ツーリストアプローチと呼ばれる。

　このようなアプローチは、文化への興味や関心を喚起するには効果的なこともあるが、文化的な違いを強調し過ぎると、本質主義的な文化観を助長してしまう危険性が高い（松尾 2000）。また、このような表面的な学習では、日本人性のもたらしている不平等な社会構造やマイノリティの生きづらさなどを理解するような深い学びには至らない。

　そこで、表面的な文化理解に陥る傾向にあるツーリストアプローチに代わり、ここでは、学習者のものの見方や感じ方、考え方に働きかけ、つねに自分自身のパースペクティブを振り返るような「反省的アプローチ」を提唱したい。前述したように、大きな概念をもとに、探究を促す主体的・対話的で深い

学びを実現して、自らの日本人性を意識化し、マジョリティ意識の克服をめざ
していくことが期待される。

　多文化教育においても、見方・考え方に働きかけ、反省的思考を促しなが
ら、自分自身の同心円的なパースペクティブを意識化するとともに、多文化・
グローバルなパースペクティブを涵養していくことで社会認識と課題発見解決
力を育てる学習活動の展開が効果的だろう。

3. 日本型多文化教育の授業づくりの類型と授業事例

　ここでは、多文化教育の先行研究を踏まえ、日本型多文化教育の授業づくり
の類型を提案するとともに、類型に対応した授業事例を紹介したい。

(1) 授業を開発する視点

　多文化教育については、さまざまな類型がこれまで提案されてきた（松尾
2013a）。授業づくりのアプローチとして参考になるものに、マッカーシー（C.
McCarthy 2008）やスリーターとグラント（C. E. Sleeter & C. A. Grant 2007）があ
る。

　マッカーシーはアメリカにおける人種的不平等への多文化アプローチを3つ
のカリキュラム・モデルに整理し、批判的な検討を加えている。3つの多文化
アプローチとは、多くのエスニック研究や人間関係プログラムで採用されてい
るエスニック文化への感受性を高める①「文化的理解（cultural understanding）
モデル」、バイリンガル、バイカルチュラル、エスニック研究プログラムにみ
られる異なる文化集団の言語や文化についての能力を培う②「文化的コンピテ
ンス（cultural competence）モデル」、マイノリティの学力向上とライフチャン
スに肯定的な影響を与えるためにマイノリティ文化の編入や導入を図る③「文
化的解放と社会改造（cultural emancipation and social reconstruction）モデル」で
ある（McCarthy 2008）。

　また、スリーターとグラントは、先行研究のレビューをもとに、多文化教育
の類型化を試みている（Sleeter & Grant 2007）。歴史的にみてみると、多文化教
育は、1960年代に、①学習スタイルや言語など、文化的な多様性に対応する

学習によりマイノリティ集団の子どもたちの学力向上を促す「特別な教育を必要とする子どもならびに文化的に多様な子どもの教育（teaching the exceptional and the culturally different）アプローチ」、②人間関係、偏見や差別、異なる集団の経験や文化などの学習を通して集団間のよりよい関係をつくり出す「人間関係（human relations）アプローチ」、③特定の集団の歴史や文化などについて深く学習しその集団の地位向上に向けた社会行動を促す「単一集団学習（single-group studies）アプローチ」の3つの異なるアプローチとして始まった。

　それが、1970年代になると、より包括的なアプローチとして、これらを統合した④文化的な多様性や教育における機会の平等を重視する「多文化教育（multicultural education）アプローチ」が現れ、さらに、1970年代および1980年代になると、⑤人種差別や性差別などに対する問題解決や政治的行動の能力を伸ばそうとする「多文化社会正義教育（multicultural social justice education）アプローチ」がみられるようになったという。

(2) 日本型多文化教育のアプローチ

　多文化教育の類型も参考にしつつ、日本型多文化教育においては、マッカーシーやスリーターとグラントの類型に位置づけ、以下のような授業づくりの類型を提案したい（表8参照）。

　まず、第一のレベルに、マジョリティ性への気づきを設定する。これは、自己、他者、社会・世界を知ることで、多文化社会についての基本的な理解を得るとともに、多文化社会におけるマジョリティ性を理解するアプローチである。

　第二のレベルに、マイノリティの物語の発掘を設定する。これは、マイノリティ集団に焦点をあてて、これまで聞かれてこなかったさまざまな物語を発掘するとともに、かれらの生きづらさや困難さといった文化的な障壁についても理解するアプローチである。

　これら2つのレベルは、多文化社会の現状や課題についての社会認識（空間認識と時間認識）を育てることを目的にするものである。マッカーシー（McCarthy 2008）では、①文化的理解、②文化的コンピテンスに、スリーターとグラント（Sleeter & Grant 2007）では、①特別な教育を必要とする子どもならびに文化的に多様な子どもの教育、②人間関係、③単一民族学習、④多文化教育のアプ

表8　日本型多文化教育の類型

1. マジョリティ性への気づき 　(1)多文化社会の理解 　(2)マジョリティ性の理解 2. マイノリティの物語の発掘 　(1)多様な物語の掘り起こし 　(2)文化的障壁の解明	社会認識を育てる
3. 新しい日本の物語の再構築 　(1)バリアフリー 　(2)ユニバーサルデザイン	問題発見解決力を育てる

ローチにおおむね対応している。

　第三のレベルに、新しい日本の物語の再構築を設定する。これは、バリアフリーに向けたアプローチ及びユニバーサルデザインに向けたアプローチである。マッカーシー（McCarthy 2008）では③文化的解放と社会改造に、スリーターとグラント（Sleeter & Grant 2007）では⑤多文化社会正義教育におおむね対応している。

　これは、多文化社会の諸課題についての問題発見解決力を育てることを目的とするものである。

　このように、マジョリティを知り、マイノリティを知った上で、バリアフリー化とユニバーサルデザイン化を通して、新しい日本の物語を語り直す授業づくりのアプローチを構想することにする。

(3) 授業実践事例

　では、それぞれの類型に対応してどのような授業実践が考えられるだろうか。筆者はこれまで、大学での授業で活用することを意図して『多文化共生のためのテキストブック』（以下、「多文化共生」）、『「移民時代」の多文化共生論』（以下、「移民時代」）、『多文化クラスの授業デザイン』（以下、「多文化クラス」）の単行本を刊行してきた。その目次は、巻末の資料3に示す通りで、各章では授業で使える課題を2つずつ紹介している。ここでは、これらの課題を中心に、前述したアプローチに対応した授業例を具体的にみていきたい。なお、93～94頁にある教育内容ではいずれにあたるのかを（　）で示している。

①マジョリティ性への気づき

　第一に、多文化社会についての理解を促すとともに、それを踏まえたマジョリティ性の理解を進めるための授業の開発が必要である。具体的には、次に挙げるような学習活動の事例が考えられる。

1) 多文化社会の理解

・多文化マップづくり：多文化をキーワードに、学校・大学などの構内をグループで散策して、多文化に関わるもの探しを行う。見つけた多文化をスマホで写真に撮ったりメモしたりして多文化マップにまとめ、グループごとに発表を行い話し合う。このような多文化マップを作成する学習活動を通して、身の回りの学校・大学も気をつけて探してみると多文化にあふれていることに気づかせる。（教育内容①、概念：多文化、自己、他者）（「多文化共生」第2章）

・新聞にみる多文化：多文化や多様性などをキーワードに、新聞で多文化共生に関連した記事を探して、2週間にわたり新聞記事の切り抜きを行う。グループで収集してきた記事のタイトルを付箋紙に書き、KJ法（川喜田二郎氏によって考案されたデータをグループ化して整理する手法）を使って模造紙に整理する。まとめた結果についてわかったことや気づいたことを全体で発表して話し合う。こうした新聞記事に関する学習活動を通して、日本や世界では、文化的多様性についての課題がさまざまな形で日々話題になっていることに気づかせる。（教育内容①、概念：多文化、社会、文化、アイデンティティ）（「移民時代」第2章）

・多文化共生のパースペクティブ：オーストラリア、欧米、日本で使用されている世界地図を比較して、それぞれの国が自国を中心とした世界地図を用いて自民族中心主義的に世界をみていることを知ることで、クロス・カルチュラルな見方の重要性を考える。また、「世界がもし100人の村だったら」の話をもとに、地球の置かれている状況や課題についてグループやクラスで話し合うことで、グローバルな見方の重要性を考える。これらの学習活動を通して、同心円的な見方を克服すると同時に、多文化・グローバルな見方を培っていくことの重要性について理解する。（教育内容③⑤、概念：自民族中心主義、グローバル化、経済格差）（「多文化共生」第6章）

2）マジョリティ性の理解

・偏見と差別：アメリカ、アイオワ州ライスビルでのエリオット先生による実験授業「青い目、茶色い目」を視聴し、青い目か茶色い目かによってクラスで異なる扱いを受けることで、偏見は容易に形成され、差別的な行為が生まれてしまう事例について考える。実験授業の動画をもとに何が起こったのかを時系列に整理して話し合う学習活動を通して、偏見や差別は所与のものではなく社会的につくられることを理解する。（教育内容④、概念：マジョリティとマイノリティ、偏見、差別、人種主義）（「移民時代」第4章）

・ジェンダーと不平等：モデルの顔が全面に写されている口紅の雑誌広告を分析して、商品の意味がつくられることを考える。また、白雪姫の絵本のイラストやお話に描かれている女性像をもとに女性らしさについて分析する。これらのジェンダーとメディアについて検討する学習活動を通して、メディアを通して女性らしさなどの意味が生成され、繰り返し表象されることで、不平等な男女関係が再生産されていることを理解する。（教育内容④、概念：マジョリティとマイノリティ、偏見、差別）（「多文化共生」第5章）

・日本社会と日本人性（日本人であること）：「白人の特権」（松尾 2011, pp.189-190）を読み、アメリカ社会で白人であることを考えることから、マジョリティは目に見えない文化の規準や標準をもつことを知る。次に、日本の学校について外国につながる子どもの視点から同様の分析を行う活動を通して、マジョリティとしての日本人がふつう、あたりまえと思っている日常の学校生活のなかにどのような社会的な特権があるのかを検討する。このような日本人としてのマジョリティ性について考える学習活動を通して、日本社会において日本人であること（日本人性）の社会的意味について理解する。（教育内容③⑦、概念：日本人性、多文化共生、多文化主義、社会統合、市民、社会参画）（「多文化共生」第14章、「移民時代」第7章）

②マイノリティの物語の発掘

　第二に、マイノリティの多様な物語を掘り起こすとともに、マイノリティの直面している文化的障壁を捉えるための授業開発が必要である。具体的には、次に挙げるような学習活動の事例が考えられる。

1）多様性の掘り起こし

・在日コリアンの物語：川崎市の南、桜本地区にある青丘社ふれあい館のホームページに開設されている「川崎在日コリアン　生活文化資料館」の在日コリアン1世のハルモニ（おばあさん）の語りをもとに、彼女らのライフストーリーを学ぶ。また、映画「パッチギ」を視聴して、さまざまな困難を抱える在日コリアンの若者の苦悩や思いを読み取る。これらの在日コリアンの人々に出会わせる活動を通して、在日コリアンの経験してきたさまざまな物語についての理解を深める。（教育内容①②、概念：他者、文化、アイデンティティ、傾聴）（「移民時代」第9章）

・在日ムスリムの物語：日本への観光や在留を目的とするムスリムの数が増加するなかで、「ムスリムおもてなしプロジェクト」と題してムスリム観光客を受け入れるプランを検討したり、ムスリムの子どもが学校に転入してくる際の長期的な受け入れ計画を考えたりする。また、全国にある100以上のモスクのうち、最寄りのモスクを訪ねて、ムスリムの人々と話をして、礼拝をする場であることに加え、婚姻や葬儀の場、成人や子どもの教育の場、情報交換や助け合い、憩いの場などさまざまな社会的な活動が展開されているモスクについて知る。これらの活動を通して、イスラム教についての基本的な知識を学ぶとともに、ムスリムの人々についての理解を深める。（教育内容①②、概念：他者、文化、アイデンティティ、傾聴）（「移民時代」第10章）

2）文化的障壁

・言語と文化の壁：多様な背景をもつ外国につながる子どもについて知るとともに、言語の支援について学び、具体的な事例を設定して日本語指導のプログラムを考える。また、学校制度や文化の違い、継承語や継承文化の重要性、日本語と学力向上の課題などについて学び、各課題に関する事例をもとに対応策を考える。これらの日本語指導、継承語や継承文化の指導、学力向上などをめぐる外国につながる子どもの課題を検討する活動を通して、言語や文化の壁についての理解を深める。（教育内容①④、概念：他者、文化、権力）（「多文化共生」第11章）

・授業の壁：日本語能力に課題がある外国につながる子どもについての理解を深め、教科内容、学習言語、学習方略をもとにした多文化クラスの授業づく

りを考え、授業についていけない、授業がわからないという問題について検討する。これらの活動を通して、生活言語能力と学習言語能力など、授業がわかるための言語的な壁、あるいは、算数（抽象的な用語と思考への対応）、国語（高度な日本語への対応）、社会（日本の社会との違いへの対応）、理科（科学の用語と自然の違いへの対応）の各教科のもつ文化的な障壁などについての理解を深める。（教育内容①④、概念：他者、文化、権力）（「多文化クラス」第6〜12章）

③新しい日本の物語の再構築

　第三に、マイノリティの生きづらさのバリアフリーを進め、さらに、ユニバーサルデザインへと展開させる授業の開発が必要である。具体的には、次に挙げるような学習活動の事例が考えられる。

1）バリアフリー

・授業の壁のバリアフリー化：日本語能力に課題がある外国につながる子どもの直面する言語や文化の壁を克服するための、教科をベースとした授業づくりの学習指導案を構想する活動を行う。その基本的な考え方・進め方は、a. 授業を構想するにあたってまず、学習内容をめぐって外国につながる児童生徒の実態を把握する。b. その上で、指導内容を分析して、学習の目標、学習言語の目標、学習方略の目標の3つを設定する。c. そして、それらの目標が達成できるように、日本語の支援（理解と表現）、学習方略（メタ認知方略、課題に基づく方略）などを工夫して、学習活動をデザインする。このような授業の学習指導案を考える活動を通して、日本語能力に課題がある外国につながる子どもの授業の壁を取り除くバリアフリーを実現する手立てを考察する。（教育内容⑦、概念：多文化共生、社会統合）（「多文化クラス」第6〜8章）

2）ユニバーサルデザイン

・多文化共生の事例の発掘：私たちの身の回りや日本社会のなかに、多文化が共生していると思われる瞬間や場面、事例を見つける活動を通して、多文化共生社会を実現するために大切なことについて考える。

　参考とする事例として挙げているものは、一つは、One Teamをスローガンに活躍した2019年ワールドカップのラグビー日本代表の選手たちがある。ボールをつなぎスクラムを組んで、外国人を含んだ多様な背景をもつ選手た

ちが、自分の役割を果たしつつ一致団結してゴールをめざす姿を、多文化共生の一つのあり方として例示している。

　他の一つの事例は、ゆるスポーツである（澤田 2021）。これは、世界ゆるスポーツ協会代表を務める電通のコピーライターである澤田智洋さんの考案である。ゆるスポーツとは、年齢、性別、運動神経、障がいのあるなしにかかわらず、だれもが「ゆるっと」楽しめるスポーツで、イモムシラグビー、ハンドソープボール、くつしたまいれ……が考案されている。例えば、イモムシラグビーは、下半身を袋で包み、イモムシになりきって、ほふく前進か転がるかしながら、ラグビーのプレイをする。脚を使えないというハンディを設けることで、脚に障がいをもつ人と同じ条件でスポーツを楽しむことができる。スポーツをユニバーサルデザイン化する試みである。（教育内容⑦、概念：多文化共生、多文化主義）（「多文化共生」第14章）

おわりに

　本章では、多文化市民の育成をめざした授業づくりについて、社会科系教育を手がかりに検討してきた。授業づくりにあたっては、空間認識と時間認識を育てることで社会認識を育て、現代社会の課題を発見して問題解決していくといった社会科系教育の枠組みを援用することにした。

　授業づくりのポイントとして、①実生活や実社会を生き抜く「真正の学力」の育成をめざす主体的・対話的で深い学び、②そうした学びを実現するための核となる「大きな概念」の同定、③授業づくりの中心となる探究（問題解決）の理論を踏まえた学習活動、④ツーリストアプローチから反省的アプローチへの学びの転換について検討した。

　さらに、多文化教育の類型を参考にしつつ、①マジョリティ性への気づき、②マイノリティの物語の発掘、③新しい日本の物語の再構築から構成される日本型多文化教育の類型を提案し、その類型に対応した授業事例を紹介した。

　なお、多文化共生をめざす学びというものは、学校教育で完結するものではなく、社会全体において取り組み、生涯にわたって継続して試みていく一つのジャーニーといえる。その旅の指針となる地球という多文化社会の未来を拓い

ていく資質・能力の芽を育むためにも、社会認識と課題発見解決力を育む学び
の不断の革新が求められているのである。

　続く第7章では、外国につながる子どものいる多文化クラスにおける授業づ
くりを検討することから、授業をユニバーサルデザイン化していく課題につい
て考察する。

注
(1) 社会科系教育としているのは、1989年の学習指導要領の改訂により、高校の社会科が解
　　体され、地理歴史科、公民科が置かれるようになったためである。なお、新しい教育課
　　程では、社会科系教育については、とくに高校では科目構成の大きな見直しがあった。
　　地理歴史科では、共通必履修科目としての新科目「歴史総合」と「地理総合」が創設さ
　　れ、選択履修科目として、「日本史探究」「世界史探究」「地理探究」が設置された。公民
　　科では、共通必履修科目としての新科目「公共」が新たな科目として設置され、選択履
　　修科目としては、引き続き「倫理」と「政治・経済」が設置されている。
(2) 例えば、バンクス（J. A. Banks 2009）は、多文化教育の基本概念として「文化・民族と
　　それに関係する概念」「社会化とそれに関係する概念」「異文化間コミュニケーションと
　　それに関係する概念」「権力とそれに関係する概念」「民族集団の移動に関係する概念」
　　を挙げている（p.58）。
(3) デューイの問題解決学習については、加藤幸次・高浦勝義（1987）pp.170-177、及び、高
　　浦勝義（1991）pp.33-110を参考にした。

引用・参考文献
加藤幸次・高浦勝義（1987）『個性化教育の創造』明治図書出版.
澤田智洋（2021）『マイノリティデザイン──弱さを生かせる社会をつくろう』ライツ社.
高浦勝義（1991）『生活科における評価の考え方・進め方』黎明書房.
中央教育審議会（2016）「幼稚園、小学校、中学校、高等学校及び特別支援学校の学習指導
　　要領等の改善及び必要な方策等について（答申）」平成28年12月21日.
日本国際理解教育学会編著（2012）『現代国際理解教育事典』明石書店.
橋本康弘編著（2016）『中学公民 生徒が夢中になる！ アクティブ・ラーニング＆導入ネタ
　　80』明治図書出版.
松尾知明（2000）「ホワイトネスと視覚的イメージ──異なる人々の理解に関する一考察」
　　手塚山学院大学国際理解研究所編『国際理解』第31号、pp.95-103.

松尾知明（2011）『多文化共生のためのテキストブック』明石書店.

松尾知明（2013a）『多文化教育がわかる事典——ありのままに生きられる社会をめざして』明石書店.

松尾知明編著（2013b）『多文化教育をデザインする——移民時代のモデル構築』勁草書房.

松尾知明（2015）『21世紀型スキルとは何か——コンピテンシーに基づく教育改革の国際比較』明石書店.

松尾知明（2016）「知識社会とコンピテンシー概念を考える——OECD国際教育指標（INES）事業における理論的展開を中心に」日本教育学会編『教育学研究』第83巻第2号、pp.154-166.

溝上慎一（2014）『アクティブラーニングと教授学習パラダイムの転換』東信堂.

Banks, J. A. (2009) *Teaching Strategies for Ethnic Studies* (8th ed.), Pearson.

Drake, S. M. & Burns, R. C. (2004) *Meeting Standards through Integrated Curriculum*, Association for Supervision and Curriculum Development.

Erikson, H. L. (2007) *Concept-based Curriculum and Instruction for the Thinking Classroom*, Corwin Press.

McCarthy, C. (2008) Multicultural Approaches to Racial Inequality in the United States, In Grant, C. A. & Chapman T. K. (Eds.), *History of Multicultural Education Volume 1: Conceptual Frameworks and Curricular Issues*, Routledge, pp.49-63.

Newmann, F. M. & Associates (1996) *Authentic Achievement: Restructuring Schools for Intellectual Quality*, Jossey-Bass.

Sleeter, C. E. & Grant, C. A. (1987) An Analysis of Multicultural Education in the United States, *Harvard Educational Review 57(4)*, pp.421-444.

Sleeter, C. E. & Grant, C. A. (2007) *Making Choices for Multicultural Education: Five Approaches to Race, Class, and Gender* (5th ed.), Wiley.

Wiggins, G. & McTighe, J. (2005) *Understanding by Design* (2nd ed.), Pearson.（ウィギンズ，G.・マクタイ，J.（西岡加名恵訳）（2012）『理解をもたらすカリキュラム設計——「逆向き設計」の理論と方法』日本標準）

多文化クラスの授業とユニバーサルデザイン
──外国につながる子どもの学習方略

はじめに

　外国につながる子どものいる多文化クラスにおいて、どのような授業づくりをしていけばよいのだろうか。第7章では、学習方略に焦点をあて、外国につながる子どもを支援する教育方法について検討するとともに、こうした特別なニーズに対応した教育方法が、すべての子どもの学びを向上させる授業のユニバーサルデザイン化につながることを検討したい。

　外国につながる子どもは、多様な背景をもち、一人ひとりニーズは異なる一方で、その多くが、日本語能力の不足を原因として、授業がわからない、学校の授業についていけないといった問題を共有している。これらの子どものキャリア形成の基礎となる学力をいかに保障していくのかが中心的な課題となっているのである。

　この学力問題を解決するアプローチの一つとして学習方略の活用が考えられる。アメリカでは第二言語学習者が学習方略を身に付け自立的な学習者に育っていくことで、授業の理解や参加が促進されるといった効果が報告されている（Chamot 2005）。日本語習得が十分ではない状況においても、学習方略は授業での有効なツールになるものと考えられる。

　そこで本章では、教科内容ベースの授業づくりのアプローチであるCALLAモデルを参考に、外国につながる子どもの学習支援を効果的に進めるための学習方略の指導の考え方・進め方について検討することを目的とする[1]。

　具体的には、教科内容ベースの授業づくりの必要性を検討した上で、学習方略とは何か、学習方略をいかに指導するのかについて整理し、授業のユニバーサルデザイン化という課題について考察する。

1. 教科内容ベースの授業づくりの必要性

　ここでは、第二言語学習者である外国につながる子どもの学力形成を促すための一つのアプローチとして、教科内容ベースの授業づくりの考え方について検討する。

(1) 英語学習者 (ELL) の研究と教科内容ベースの授業づくりへの展開

　まず、第二言語学習者に関する3つの研究の流れを概観することで、教科内容ベースの授業づくりへの展開について簡単にみてみたい。

　第一に、生活言語と学習言語に関する研究である。学習言語を習得するには時間がかかるため、長期にわたる言語の支援が必要であることが知られている。カミンズ (J. Cummins 1981) は、日常生活で使用する言語と学習場面で使用する抽象度の高い学習言語とを区別し、前者の能力を「生活言語能力 (Basic Interpersonal Communication Skills、略称BICS)」、後者の能力を「認知学習言語能力 (Cognitive Academic Language Proficiency、略称CALP)」と名づけた。そして、生活言語は1〜2年と比較的早く獲得される一方で、学習言語を習得するには5〜7年の年月が必要であることを明らかにした。その後、学習言語の習得には10年かかるといった研究もある。したがって、日本語を流暢に話しているので授業もついていけると誤解しがちであるが、日常会話はできても学習言語が習得できていない場合も多く、授業がわからない、授業についていけないといった外国につながる子どもは少なくないことが推察される。

　第二に、言語学習カリキュラムに関する研究である (Chamot & O'Malley 1996, p.260)。1980年代になると言語の指導と教科等の内容の指導とを関係づけることが提案されるようになる。カナダのフランス語イマージョンプログラムと呼ばれるバイリンガル教育の実践で、内容に焦点をあて指導したクラスにおいて言語能力が飛躍的に伸びたとする研究などもみられるようになる。こうして、言語の指導法の新たな方法として、語彙や文法、コミュニケーションを中心に言語そのものを指導するようなやり方ではなく、教科の指導をしながら言語能力をいっしょに育成していくといったやり方が注目を集めるようになった。

第三に、効果的な言語学習者に関する研究である（Chamot 2005）。学習者のなかには、新しい言語を学ぶのが上手な人とそうではない人がいるが、効果的な言語学習者はどのような学びをしているのかを調べた研究がある。学習をした後に、思考のプロセスを振り返ってもらうといった研究の成果から、効果的に言語を学ぶことのできる学習者は共通して学習方略を活用していることがわかっている。

　これらの研究を背景に、第二言語学習者に対する教育に一つの新たな展開がみられるようになった。それが、語彙、文法、リーディング、コミュニケーションなどをもとにした伝統的な言語学習法ではなく、通常の授業のなかで教科を学びながら言語能力も高めていくといった教科内容ベースのアプローチである。

(2) 教科内容ベースの授業づくりの基本的な考え方

①教科内容ベースの授業づくりのアプローチ

　では、教科内容ベースの授業づくりとはどういうものだろうか。

　ここでは、授業を図7のように内容・言語・方略から構成されているものと考える。学習活動の場面を考えてみると、授業は当然のことながら各教科等の内容を中心に構成される。一方で、学習は、話す・聞く・読む・書くなどの言語活動を伴うので、言語もまた学習活動の主要な部分を占めることになる。また、学習を進める際には、さまざまな学習方略を活用しているため、方略もまたその一部を構成することになる。このように、授業には、内容・言語・方略の三要素がある。

　教科内容ベースの授業づくりのアプローチでは、外国につながる子どもを支援する際に、これらの三要素を関連づけ、教科内容を教えるなかで、学習言語と学習方略を指導することで、内容の理

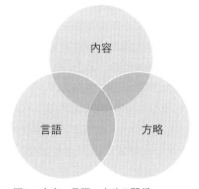

図7　内容・言語・方略の関係

解を促しつつ日本語能力も同時に高めていく。

②教科内容ベースのアプローチをとる理由

　では、教科内容ベースのアプローチをとる理由には何があるのだろうか（Chamot 2009）。

　第一に、なぜ、教科内容を中心の学びにするのかという点である。その理由には、1) 同学年の生徒と同じ内容を学べること、2) 言語の学習のみを目標とする場合よりもずっと大きな学習への動機づけとなること、また、3) 日本語を練習するのではなく、本物の日本語を使う学習の場を提供することなどがある。

　第二に、なぜ、学習言語を学ぶのかという点である。その理由には、1) 学習言語は教科を理解する上での基礎となること、2) 教室のなかでのみ学ばれるものであること、また、3) 思考の媒介としての言語となることなどがある。

　第三に、なぜ、学習方略を学ぶのかという点である。その理由には、1) 有能な学習者はいろいろな学習方略を身に付けていること、2) 教科の学習でも効果的であること、また、3) 一度学ぶと新しい課題に転移することなどがある。

　教科内容ベースのアプローチは、以上のような理由により、内容・言語・方略の枠組みをもつものとして構想されたのである。

③SIOPやCALLAのモデル

　教科内容ベースのアプローチの代表的な事例として、アメリカにおけるSIOP（Sheltered Instruction Observation Protocol）やCALLA（Cognitive Academic Language Learning Approach）のモデルなどがある[2]。

　SIOPモデルは、英語学習者に対して教科内容と英語力の習熟を同時に進める効果的な指導の枠組みで、全米でよく知られているシェルタード方式（教科統合）のアプローチである。SIOPモデルは、8つの要素から構成されており、それらに関連する30の指導方略が示されている（Short 2013）。

　CALLAは、教科の授業で、学習言語と学習方略を合わせて指導することで、言語能力とともに教科の学力の育成をめざす授業づくりのモデルである。この

モデルは、3つの要素：1）教科等の内容、2）学習言語、3）学習方略と、指導の展開の5つの段階：1）準備→2）提示→3）練習→4）評価→5）発展から構成されている（Chamt & O'Malley 1994）。

これらのプログラムのように、内容ベースのアプローチは、言語の指導と教科の指導を分けるのではなく、図8のように教科の指導をしていくなかで学習言語や学習方略を合わせて学ぶこ

各教科等の学習活動

言　語　　　方　略

図8　教科内容ベースの授業づくり

とで、教科内容を学習しつつ言語の能力も高めていくことをめざしている。

（3）学習言語の指導にあたって

　教科内容ベースの授業における学習方略については後に詳しく検討するため、ここでは、学習言語の側面についてごく簡単に触れておきたい。

　学習言語の指導や支援にあたっては、言語の2つの機能である、①理解することと、②表現することの2つの観点から考えたい。外国につながる子どもの学習言語の指導の考え方・進め方については、松尾（2021）で詳しく紹介しているが、ここでは、教師が心がけるだけで効果があるもののみを紹介することにとどめておく(3)。

　まず、①授業での理解を促す支援がある。具体的には、目で見てわかるように教える、授業のはじめにキーワードを教える、既有の知識に関連づける、わかりやすい日本語を使用するなどがある。日常の授業でこうした点に配慮するだけで、第二言語学習者の理解は格段に進む。

　また、②授業での表現を促す支援がある。具体的には、写真、図、絵、選択肢などを活用して言葉を用いないで表現させる、継承語を活用して表現させる、キーワードや文例を示して日本語で表現しやすいような手立てを講じて表現させるなどがある。外国につながる子どものもっている能力を工夫して発揮されることで、日本語能力の不足を補いながら、授業での表現を豊かにするこ

とができる。

　外国につながる子どもの在籍する学級では、通常の授業のなかで日本語の理解と表現を支援する試みが求められている。

2. 学習方略とは

　ここでは、教科内容ベースの授業づくりにおいて注目されている学習方略について、メタ認知方略と課題に基づく方略に分けて整理しておきたい。

(1) 学習方略とは

　学習とは能動的な活動のプロセスであり、新たな理解を得るためにさまざまな学習方略を活用しながら問題の解決が図られていく。先行研究から、有能な学習者は、学習課題を遂行するとき、すでに有している学習方略のレパートリーのなかから必要なものを適切に選択して実行していることがわかっている（Chamot 2005）。学び方を学ぶことは、日本語の学習において、日本語の能力の不足を補いながら教科内容の学習を進めていく際にも大きな手助けとなるものである。

　なお、学習方略の考え方や具体的な項目については、学習者や教師の目標に着目したCALLAモデルを援用したい（Chamot 2009）。このモデルでは、学習方略をメタ認知方略と課題に基づく方略とに分けて検討する。

(2) メタ認知方略とは

　メタ認知方略は、学習という一連のプロセスに関連する計画、モニター、評価などの学習方略をいう（植阪 2010）。メタ認知の「メタ」とは、ギリシャ語で「一段上の」を意味する言葉で、「認知」とは、記憶、理解、問題解決、思考といった人間の知的な働き一般をさす用語である。したがって、メタ認知とは、知的な活動を一段上から客観的に捉え、行動を調整する知的な働きのことをさしている。

　メタ認知方略を整理したのが、図9である（Chamot 2009）。メタ認知方略には、①課題を始める前に、学習についての見通しをもち、②課題に取り組んで

<table>
<tr><td colspan="2">

1-1 実施プロセスを活用する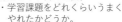

①計画する／組織する

課題を始める前に、
・目標を設定する。
・課題や内容の順番を計画する。
・課題を遂行するやり方を計画する。（方略の選択）
・教科書をざっと見る。

②モニターする／問題を見つける

課題に取り組む間に、
・作業の進み具合をチェックする。
・言葉を使うときに理解度をチェックする。（理解しているか。そうでないなら、問題は何か）
・言葉を使っているときに産出をチェックする。（理解されているか。そうでないなら、問題は何か）

</td><td>

③評価する

課題をやり終えた後、
・学習課題をどれくらいうまくやれたかどうか。
・学習方略をどれくらいうまくやれたかどうか。
・その方略がどれくらい効果的であったかを決定する。
・あなたが同様な課題を次にやるときの修正を見つける。

④自分自身の学習を調整する

・あなたが最も効果的に学習したかどうかを決定する。
・あなたが学習する状況を調整する。
・練習の機会を求める。
・課題にあなたの注意を焦点化する。

</td></tr>
</table>

図9　メタ認知方略
出典：Chamot（2009），pp.59-64をもとに作成。

いるときには学習がうまくいっているかをチェックして、③課題をやり終えた後にはうまくできたかをチェックし、④学習を調整しながら課題を遂行していく、といった自分自身の学習活動をモニターしコントロールしていくやり方がある。

(3) 課題に基づく方略

　一方、課題に基づく方略は、活用範囲の広いメタ認知方略のようなものではなく、個別の課題に要求されるものである。

　課題に基づく方略を整理したのが、図10である（Chamot 2009）。課題に基づく方略は、大きくは、2-1「知っていることを活用する」方略、2-2「感覚を活用する」方略、2-3「整理技能を活用する」方略、そして、2-4「リソースを活用する」方略に分けられる。

　2-1「知っていることを活用する」方略には、すでに知っていることや学んだことを使いながら、①「背景となる知識を活用する」、②「推論する」、③「予想する」、④「個人化する」、⑤「転移させる／他言語を活用する」、⑥「代用する／言い換える」などがある。

2-1 知っていることを活用する

①背景となる知識を活用する

・課題遂行を助けるためにすでに
　知っていることを考え、活用する。
・新しい情報と既有知識の間を関連づける。
・既有知識を明確にしたり修正したりするために
　新しい情報を活用する。

②推論する

・意味を理解するために、
　文脈や知っていることを使う。
・言外の意味を読んだり聞いたりする。
・その意味を理解するために、教科書の上をいく。

③予想する

・来るだろう情報を予想する。
・記述・口述の教科書で起こること
　について論理的な推論をする。
・予測する。（数学）
・仮説を立てる。（科学）

④個人化する

・新しい概念を自分の生活、経験、
　知識、信念、感情に関連づける。

⑤転移させる／他言語を活用する

・他の言語の知識（母語を含む）を
　当該の言語に応用する。
・他言語を活用する。

⑥代用する／言い換える

・知らない言葉や表現に対し、
　同意語や説明的な語句を使う。

2-2 感覚を活用する

①イメージを使う

・情報を理解したり、表現したりするのに、
　実際の・想像上のイメージを使う・つくる。
・絵や図を使ったり、書いたりする。

②音を使う

・理解を助けるために、言葉、文、
　パラグラフを言ったり、読んだりする。
・音にする／声に出す。
・音、言葉、句、会話を覚えるために、
　「心のテープレコーダー」を使う。

③運動感覚を使う

・役割を演じてみる。当該の言語で
　異なる役割に自分を想像してみる。

2-3 整理技能を活用する

①パターンを見つける／応用する

・ルールを応用する。
・ルールをつくる。
・文字／音、文法、ディスコース、
　ルールを認め応用する。
・文学のパターンを見つける。（ジャンル）
・数学、理科、社会科のパターンを見つける。

②分類する／順序づける

・性質によって、言葉や考えを
　カテゴリー化する。
・生き物を分類する。自然のサイクルを見つける。
・数学、理科、社会科で秩序や順番を見つける。
・歴史で出来事を順番に並べる。

③選択的注意を活用する

・特定の情報、構造、キーとなる語、
　句、考えに焦点を合わせる。

④ノートをとる

・聞いたり読んだりしている間に、重要な言葉や
　考えを書き取る。
・話したり書いたりする際に使う
　考えや言葉をリストアップする。

⑤図表として構造化する

・（ベン図、時間の流れ、ウッブ、図
　など）視覚的な表象を使い、つくる。

⑥まとめる

・心の、言葉の、書いた情報の
　サマリーをつくる。

2-4 リソースを活用する

①情報源にアクセスする

・辞典、インターネット、
　他の参考資料を活用する。
・情報源を探し活用する。
・モデルに従う。
・質問する。

②協力する

・課題を解決し、自信をつけ、フィードバックを
　与え・もらうために、他者とともに活動する。

③自分自身で話す（独り言）

・内部の資源を活用する。自分の進歩、
　あなたが利用できる資源、あなたの
　目標に気づかせ、心配を減らす。

図10　課題に基づく方略

出典：Chamot (2009), pp.59-64をもとに作成。

2-2「感覚を活用する」方略には、私たちのもっている五感をフルに活用して、①「イメージを使う」、②「音を使う」、③「運動感覚を使う」などがある。

2-3「整理技能を活用する」方略は、情報をわかりやすい形で処理するやり方で、①「パターンを見つける／応用する」、②「分類する／順序づける」、③「選択的注意を活用する」、④「ノートをとる」、⑤「図表として構造化する」、⑥「まとめる」などがある。

2-4「リソースを活用する」方略は、問題を解決するために異なるリソースを活用するもので、①「情報源にアクセスする」、②「協力する」、③「自分自身で話す（独り言）」などがある。

3. 学習方略の指導

ここでは、外国につながる子どもに対して学習方略をどのように指導していけばよいのかについての考え方と手順について検討する。

(1) 学習方略の指導

まず、学習方略の指導を始めるにあたって自分自身の使っている学習方略に気づかせ、すでにもっている学習方略を意識化させることが重要である。例えば、英単語を覚えるときにどのような学び方の工夫をしているのかを話し合い、線を引きながら覚える、声に出して言いながら覚える、書いて覚えるなど、自分のやっている覚え方を想起させ、だれもがすでに学習方略を使っていることに気づかせる。こうして日ごろ意識していない自分自身の学び方についての認識を得させ、学習方略を学んでいくきっかけをつくる。

次に、学習方略の指導にあたっては、モデリングと繰り返しが重要である。モデリングとは、やってみせることをいう。例えば、教師は考えていることを口に出しながら、「新しい文章を読むときにまずタイトルを見て、内容を想像します。内容を予測するこの方略を『推論する』といいます」というように説明する。このように学習方略を活用する具体的なモデルを示しながら指導することで、無理なくそのやり方を理解させることができる。

また、学習方略を繰り返して練習することが重要である。学習方略の使い方

を学んだら、同じような課題、少し異なる課題、別の教科の課題など、新しい文脈で学習方略を何度も使う機会をつくっていく。こうした繰り返しにより、学習方略が身に付き、意識しないでも使えるようになっていくのである。

　学習方略の指導については、最初は教師による手厚い支援を行い、徐々に支援の度合いを少なくしていき、最終的に独力でできるように働きかけていく。このような学習方略の指導を通して、使える学習方略のレパートリーを広げ、自分自身の学習をコントロールできる力を育み、授業を理解したり、授業に参加したりする力をつけていく。自立した学習者に育てるには、学習方略についての見通しをもった計画的な指導が重要になってくるといえる。

(2) 学習方略の指導の手順
　学習方略の指導にあたっては、指導準備の場面と学習の場面を設定する。

①指導準備の場面
　指導準備の段階では、生徒の実態把握が必要である。授業の内容についてどのような学習方略を使って学習しているのかに関する実態を捉えるため、生徒から事前に聞き取りをしておく。

　また、新しく学ぶ学習方略を決定する。そのためにまず、前述のメタ認知方略、課題に基づく方略を手がかりに、授業のなかでどのような学習方略を使うかを教科書の内容から考え、候補となる学習方略のリストをつくる。学習方略のリストの作成にあたっては、図9、図10の項目のなかから、使えそうな学習方略を探してリストにする。そして最後に、生徒の実態を踏まえ、学習で新しく指導する学習方略を決定する。

②学習の場面
　学習の場面では、CALLA モデルの5つの段階を参考にして、以下のように学習方略を指導していく（Chamot & O'Malley 1994）。
・学習準備の段階では、自分がすでにどのような学習方略をもっているのかに気づかせ、現在の既有知識を把握させる。
・提示の段階では、教師がモデリングを行い、方略の名称をいい、学び方を

やってみせるなどして学習方略を指導する。

・練習の段階では、新しい学習方略を活用する機会を提供する。やってみせたことをもとに、自分自身でやらせ、繰り返し練習させる。

・評価の段階では、学習方略がうまく使えているかどうかを自己評価させる。

・発展の段階では、学習方略の転移を図るために、新しいコンテクストで応用するやり方を生徒と話し合う。

(3) 学習方略の指導事例

　では、学習方略の学びをどのように進めていけばよいのかについて、①歴史の用語を「記憶する」、②「論説文を読む」、③「調べて、まとめる」といった学習活動の事例について検討する[2]。

教育方略を指導するアプローチ

①（学習）準備
　次のような活動を通して、生徒のメタ認知意識及び自己知識を育成する。
　　・生徒が具体的な課題ですでに活用した方略についての話し合い
　　・課題をうまくやり遂げるための特別な方略を説明し共有する小集団の面接
　　・ある課題の特定の方略を活用する頻度を示す学習方略の質問紙
　　・課題を遂行して、自分の思考を説明する個人的な思考発話の面接
②提示
　次のことを通して、方略を意図的に指導する。
　　・特定の教科の課題で方略をいかに活用するかを、教師が課題を通して行うときに思考を声に出してモデルを示す（テキストを読む、パラグラフを書くなど）
　　・方略に名前を与え、その名前を一貫して言及する
　　・いかに方略が学習材の学習の助けとなるかを生徒に説明する
　　・いつ、どのように、いかなる課題にその方略を活用することができるかを説明する
③練習
　次のような活動を通して方略を実践するたくさんの機会を提供する。
　　・協同学習
　　・相互指導

- ・実際に経験する科学の実験
- ・算数／数学の文章題
- ・研究プロジェクト
- ・話したり書いたりするレポートを開発すること
- ・文学を分析すること
- ・プロセス・ライティング

④評価

　次のような自己評価の活動を通して、どの方略が自分に効果的なのか、なぜ効果的なのかについての生徒のメタ認知意識を育てる。

- ・方略を活用した後の報告の話し合い
- ・方略の活用を説明し評価する学習ログや日誌
- ・方略を活用することなしにやり遂げた課題のパフォーマンスと、方略を活用して同様の課題をやり遂げたパフォーマンスとの比較
- ・特定の方略を活用した際の自信の程度のチェックリスト
- ・特定の教科の課題をやり遂げる際の自信の程度についての自己効力感の質問紙
- ・一つの方略を活用したとき・しなかったときの自己報告の語り

⑤発展

　次のような活動を通して新しい課題に方略の転移をもたらす。

- ・方略を活用することを指導することが次第に少なくなるようにする足場づくり
- ・方略の独力での活用をほめること
- ・方略がうまく転移した課題を学級にもたらす自己報告
- ・学習する方略のために可能な活動をブレインストームする思考の技能の話し合い
- ・新しい課題やコンテクストに方略を応用するフォローアップの活動
- ・個々の生徒が特定の課題で効果的であることがわかる分析や話し合い

出典：Chamot & O'Malley（1994），p.71.

①事例1　歴史の用語を「記憶する」

1）指導準備の場面

　事例1では、中学校においてテストに向けて、歴史の用語を「記憶する」という学習活動を取り上げる。

　指導準備の段階では、生徒の実態を捉え、学習方略のリストをつくり、指導

する学習方略を決定する。本事例では、生徒が「記憶する」ときにどのような方略を使っているのか、生徒から事前に聞き取りをして実態を把握しておく。また、歴史の用語を「記憶する」という学習活動をイメージしながら、図9、図10などを手がかりに、どのような手法が使えるのかを考え、例えば、以下のような学習方略のリストをつくる。次にこのリストをもとに、生徒の学び方の実態を踏まえ、指導する学習方略を決定する。事例では図10の2-3-②と2-3-③を選択した。

「記憶する」学習方略のリスト（例）

```
2-1-①  背景となる知識を活用する……知っていることに関連づけて覚える
2-1-⑤  転移させる／他言語を活用する……母語の訳語とともに覚える
2-2-①  イメージを使う……イメージして覚える
2-2-②  音を使う……声に出して覚える
○2-3-②  分類する／順序づける……優先順位を考えて覚える
○2-3-③  選択的注意を活用する……大事な言葉を中心に覚える
2-3-④  ノートをとる……書いて覚える
2-4-①  情報源にアクセスする……辞書を引く
2-4-②  協力する……問題を出し合う
```

2）学習の場面

　学習の場面では、新しい学習方略を教えていく手順として、CALLAモデルの（学習）準備、提示、練習、評価、発展の段階により進めていく。

　（学習）準備の段階では、生徒がどのような「記憶する」方略を使っているのか確認して意識化させる。提示の段階では指導する新しい学習方略を生徒に示す。課題に基づく学習方略のリストを生徒と確認しながら、本事例では、2-3-②分類する／順序づける（優先順位を考えて覚える）、2-3-③選択的注意を活用する（大事な言葉を中心に覚える）といった学び方を学習することを伝え、やり方を教え、やってみせ、やらせてみる。

　例えば、中学校の社会科歴史分野の天平文化の部分であれば、教科書にある天平文化のページを読み、本文の太字に着目しながら、テーマの「天平文化」、

天平という年号の由来に関わりのある「聖武天皇」、代表的な文化財が納めてある「東大寺」の「正倉院」、唐の文化をもたらした「遣唐使」などの用語の重要さの順番を考え、これらの用語に注意を払って覚えると効果的であることを伝え、そのページの重要語句を覚えさせる。練習の段階では、残りのページについても同様に、用語の重要さの順番を考え、優先順位の高い重要用語を覚えることを繰り返すことで、記憶するための新しい学習方略に習熟させる。

　評価の段階では、学習方略をうまく使えたか、うまく覚えられたか、効果はあったかなどを振り返る。発展の段階ではこの覚え方を今後どう活かしていけるのかについて考える。

②事例2　論説文を読む

1) 指導準備の場面

　事例2では、小学校国語科において「論説文を読む」という学習活動を取り上げる。

　指導準備の場面では、児童の実態を捉え、学習方略のリストをつくり、指導する学習方略を決定する。本事例では、「論説文を読む」ときにどのような方略を使っているのか、事前に児童から聞き取りをして実態を把握しておく。また、「論説文を読む」という学習活動をイメージしながら、図9、図10などを手がかりに、どのような学習方略が使えるのかを考え、以下のような学習方略のリストをつくる。次にこのリストをもとに、児童の学び方の実態を踏まえ、指導する学習方略を決定する。事例では図10の2-1-②、2-3-③、2-4-①を選択した。

「論説文を読む」学習方略のリスト（例）

○2-1-②　推論する……知らない言葉や言い回しは推論する
2-1-③　予想する……タイトルから本文の内容を予想する
2-2-①　イメージを使う……イメージしながら読む
○2-3-③　選択的注意を活用する……知らない言葉や言い回しに線を引く
……構成を考えながら読む
○2-4-①　情報源にアクセスする……辞書を引く

2）学習の場面

次に、学習の場面である。（学習）準備の段階では、児童がどのような「論説文を読む」やり方をしているのかを確認して意識化させる。提示の段階では指導する新しい学習方略を児童に示す。課題に基づく学習方略のリストを児童と確認しながら、本事例では、2-1-②推論する（知らない言葉や言い回しは推論する）、2-3-③選択的注意を活用する（知らない言葉や言い回しに線を引く、構成を考えながら読む）、2-4-①情報源にアクセスする（辞書を引く）といった学び方を学習することを伝え、やり方を教え、やってみせ、やらせてみる。練習の段階では、新しい学習方略を十分に活用させながら学習を進める。

評価の段階では、学習方略をうまく使えたか、うまく読めたか、効果はあったかなどを振り返る。発展の段階でこれからこの読み方をどう使っていけるのかについて考える。

③事例3　調べて、まとめる

1）指導準備の場面

事例3では、中学校において「調べて、まとめる」といった学習活動を取り上げる。

指導準備の場面では、生徒の実態を捉え、学習方略のリストをつくり、指導する学習方略を決定する。本事例では、「調べて、まとめる」ときにどのような方略を使用しているのか、事前に生徒から聞き取りをして実態を把握しておく。また、「調べて、まとめる」という学習活動をイメージしながら、図9、図10などを手がかりに、どのような学習方略が使えるのかを考え、以下のような学習方略のリストをつくる。次にこのリストをもとに、生徒の学び方の実態を踏まえ、指導する学習方略を決定する。事例では図10の2-3-①、2-3-②、2-3-⑥を選択した。

「調べて、まとめる」学習方略のリスト（例）

○2-3-①　パターンを見つける……分類したものを整理する　KJ法
○2-3-②　分類する／順序づける……わかったことを分類する　KJ法
　2-3-④　ノートをとる……わかったことをノートにメモする

○2-3-⑥　まとめる……構成を考えてまとめる　KJ法
　2-4-①　情報源にアクセスする……インターネットや文献を活用する
　　　　　　　　　　　　　……質問する

2）学習の場面

　次に、学習の場面である。（学習）準備の段階では、生徒がどのように「調べて、まとめる」やり方をしているのか確認して意識化させる。提示の段階では指導する新しい学習方略を生徒に示す。課題に基づく学習方略のリストを生徒と確認しながら、本事例では、2-3-①パターンを見つける／応用する（分類したものを整理する）、2-3-②分類する／順序づける（わかったことを分類する）、2-3-⑥まとめる（構成を考えてまとめる）といった学び方としてKJ法を学習することを伝え、やり方を教え、やってみせ、やらせてみる。練習の段階では、新しい学習方略を十分に活用させながら学習を進める。

　評価の段階では、学習方略をうまく使えたか、調べてまとめられたか、効果はあったかなどを振り返る。発展の段階でこれからKJ法をどう使っていけるのかについて考える。

4. 多文化クラスの授業のユニバーサルデザイン化に向けて

　これまで検討した多文化クラスにおける授業デザインは、日本語能力に課題のある外国につながる子どもの特別なニーズに応えるための学習方略を活用する支援であった。一方で、こうした取り組みは、外国につながる子どものみならず、すべての子どもを自立的な学習者に育てる授業づくりへと発展させていくことができる。すなわち、特別なニーズへの方略を、すべての子どもの学力向上に向けた授業の革新へと展開させることで、授業のユニバーサルデザイン化を進めるのである。

　第一に、学習方略を意図的に指導する支援は、第二言語学習者のみならずすべての子どもに利益をもたらすことができる。第二言語学習者にとっては、学習方略は、授業が理解でき、授業に参加していくためのサバイバルスキルとして大きな力を発揮する。こうした学習方略に習熟することは、学力に課題をも

つ子どもはもちろん、すべての子どもにとっても有益なスキルだといえる。外国につながる子どもの特別なニーズに応える学習方略の指導は、学力向上に向けたすべての子どもの効果的な指導法へと展開させる可能性をもっている。

　第二に、教科内容ベースの授業づくりは、多文化クラスでの学びを可能にする。第二言語学習者を別室に取り出して日本語指導を行うのではなく、能力不足をカバーしつつ同じ教室で学習をすることができれば、異なる文化をもつ子どもが学び合う学習空間をつくることが可能になる。こうした特別なニーズに対応した多文化クラスでの授業は、多様な子どもが直接ふれあいながら、異なる言語や文化を学び合う学習の機会を提供するものとなる。

　第三に、多文化クラスでの学びは、多文化市民の資質・能力を育んでいくためにも大きな意味をもつ。多文化クラスにおいては、社会の現実を反映して、子どもの間で偏見や差別といった問題に直面するかもしれない。あるいは、課題に取り組む際に、文化的に異なる子ども同士の助け合いや協働が求められることもあるだろう。多文化クラスは、文化と文化が交差する場所であり、多様性とともに生きることを体験的に学ぶことを通して、多文化社会を生き抜く力を育んでいく場とすることができる。

　以上のように、多文化クラスでの学びは、外国につながる子どもの特別なニーズを、すべての子どもの利益へと転換させる授業のユニバーサルデザインを実現するものといえる。多文化クラスの授業づくりは、①マイノリティのニーズをすべての子どもの利益に転換し、②マジョリティとマイノリティの学び合いや力関係を考える機会を生み出し、③すべての子どもに多文化社会に生きる異文化間能力の育成を可能にするといった、授業づくりの革新を促す試みへと発展させることができるのである。こうしたユニバーサルデザイン化による多文化共生空間をつくる意義については終章で詳しく論じている。

　なお、多文化クラスでの授業づくりについては、『多文化クラスの授業デザイン』（明石書店）で詳細に検討を行っているので、参照されたい（巻末の資料3に目次を掲載）。

おわりに

　外国につながる子どもの間では、授業がわかり学力をつけていくことが大きな課題となっている。これらの子どもたちの日本語能力の不足を補う一つの方策として、本章で検討した教科内容をベースにした学習支援のアプローチがある。このアプローチでは、教科内容を中心に授業をつくり、学習言語の習熟を図りつつ学習方略を意図的に指導していく。

　本章では、とくに学習方略に着目し、その指導の手順を具体的に検討した。学習方略には、計画、モニター、評価に関わるメタ認知方略、及び、個々の課題で必要とされる課題に基づく方略があるが、それらの指導にあたって、指導準備の場面と学習の場面を設定することにした。

　指導準備の場面ではまず、授業内容に関わって学習者がどのような学習方略を有しているのかについての実態を把握する。また、授業で教えることが可能な学習方略のリストをつくり、そのなかから子どもの実態を踏まえて新しく指導する学習方略を決定する。

　学習の場面においては、CALLAモデルの5つの段階を参考に、①「（学習）準備」で自分自身の使っている学習方略を意識化させた上で、②「提示」で新しい学習方略を示してやり方を指導し、③「練習」でその学習方略を繰り返し活用させ、④「評価」でうまく使えたかどうかを振り返らせ、⑤「発展」でその後の活動へとつなげていくといった流れで進める。

　このような学習方略の指導を意図的・計画的に実施していくことで、外国につながる子どもに自分に合った学習方略を少しずつ身に付けさせ、使える学習方略のレパートリーを広げていく。そうすることで、日本語能力の不足を補いながら自分自身の学習をモニターしコントロールする力を培い、学力の向上をめざしていくのである。

　移民時代を迎えた今日、外国につながる子どもの学力保障の問題は、これから日本社会で生きていく市民を育成するための重要な課題の一つといえる。本章で検討した学習方略の活用は、その解決のための具体的な手立てを提供するものである。

さらに、外国につながる子どもの特別なニーズに応える学習方略による支援は、日本人の子どもにとっても有益な支援へと展開させることができる。多文化クラスにおいてすべての子どもが学習方略を学んでいく授業づくりに取り組めれば、バリアフリーからユニバーサルデザインへと展開させることができるのである。すべての多様な子どもがともに学ぶ空間をつくり出していくためにも、学習方略に関する実践研究の推進が今後の課題として残されている。

　続く第8章では、異文化間能力を育てるために効果的であると思われる海外体験学習プログラムをどのようにデザインすればよいのかについて検討する。

注

(1) 本章は、松尾（2021）の第8章をベースにしながら、より具体的に学習方略の指導の考え方や進め方を検討するものである。

(2) SIOPとCALLAモデルについては、松尾（2021）の第5章で詳しく取り上げている。

(3) 松尾（2021）では、算数・数学、国語、社会、理科の4つの教科で具体的な単元を取り上げ、授業において学習言語と学習方略の指導や支援をどのように進めていくのかを検討している。一方、本章では、①記憶する、②論説文を読む、③調べて、まとめる、といった学習活動に焦点をあて、学習方略の指導の考え方や手順について考察した。

引用・参考文献

庵功雄（2016）『やさしい日本語──多文化共生社会へ』岩波新書.

植阪友理（2010）「メタ認知・学習観・学習方略」市川伸一編『発達と学習』北大路書房、pp.172-200.

中島和子編著（2010）『マルチリンガル教育への招待──言語資源としての外国人・日本人年少者』ひつじ書房.

バトラー後藤裕子（2011）『学習言語とは何か──教科学習に必要な言語能力』三省堂.

松尾知明（2021）『多文化クラスの授業デザイン──外国につながる子どものために』明石書店.

Chamot, A. U. (2005) Language Learning Strategy Instruction: Current Issues and Research, *Annual Review of Applied Linguistics 25*, pp.112-130.

Chamot, A. U. (2009) *The CALLA Handbook: Implementing the Cognitive Academic Language Learning Approach* (2nd ed.), Pearson Education.

Chamot, A. U. & O'Malley, J. M. (1994) *The CALLA Handbook: Implementing the Cognitive Academic*

Language Learning Approach, Addison-Wesley.

Chamot, A. U. & O'Malley, J. M. (1996) The Cognitive Academic Language Learning Approach: A Model for Linguistically Diverse Classrooms, *Elementary School Journal 96(3)*, pp.259-273.

Cummins, J. (1981) Age on Arrival and Immigrant Second Language Learning in Canada: A Reassessment, *Applied Linguistics 11(2)*, pp.132-149.

Short, D. (2013) Training and Sustaining Effective Teachers of Sheltered Instruction, *Theory Into Practice 52(2)*, pp.118-127.

第8章

多文化教育と海外研修
——海外体験学習のプログラムデザイン

はじめに

　異文化間能力を育成していくには、異なる人々と出会い、ともに活動する経験をさせるのが効果的であることが知られている。第8章では、海外における体験学習プログラムをどのようにデザインしていけばよいのかについて検討したい。

　海外体験学習では、現地での文化的に異なる人々との交流や活動を通じて、リアルで現実に近い他者の理解にどれだけ迫れるのかが重要になってくるだろう。海外体験学習を構想するにあたっては、育みたい異文化間能力を明確に設定するとともに、その育成に向けた現地の体験や活動をいかにデザインするのかが決め手となると思われる。

　日本の高校や大学では、海外の現地研修や短期留学などの実施が増加している一方で、異文化間能力の育成という視点を欠いていたり、評価計画をもっていなかったりする場合も多い。異文化間能力の育成は、日本において切実な課題であるにもかかわらず、プログラムのデザインやアセスメントが必ずしも十分に考慮されていない現状にある。

　そこで、本章では、法政大学のキャリア体験学習（国際・台湾）を事例として、異文化間能力を育む海外体験学習プログラムをいかにデザインしていけばよいのかについて検討することを目的とする。

　具体的には、海外体験学習の考え方と進め方のポイントを考えた後、プログラム設計とアセスメントの基本的なプロセスを検討し、台湾におけるキャリア体験学習の事例をもとに、異文化間能力を育てる海外体験学習プログラムをデザインする手順や方法について具体的に示したい。

1. 異文化間能力を育てる海外体験学習の考え方と進め方

(1) 異文化間能力と海外体験学習をめぐる研究動向

　異文化間能力に関する研究は、国際的には大きな進展がみられ、異文化間能力の①定義、②育成、③アセスメントなどの研究領域がある（Deardorff 2015）。これらの研究から、実践上の課題としては、異文化間能力を定義して、構成要素を同定し、それをもとにプログラムを開発したり、その能力を評価したりする際の手続きや、プロセスの妥当性や信頼性の問題がある。また、プログラムやアセスメントの開発には、領域、アプローチ、文脈などに対応させて具体的に設計する必要があることが明らかになっている（松尾・森茂 2017）。

　日本においては、海外体験学習への関心は高まっている（例えば、子島・藤原 2017, 村田 2018, 森茂・津山 2016）一方で、異文化間能力の育成に向けた研究はあまり進んでいない（松尾・森茂 2017）。海外の現地研修や短期留学などの実践は、異文化間能力研究にほとんど位置づけられておらず、理論的な枠組みやその育成状況の評価などの点で課題が残されている。

　本章では、異文化間能力の育成に焦点をあて、キャリア体験学習（国際・台湾）の事例をもとに、異文化間能力を育む海外体験学習の効果的なプログラム設計のあり方を検討したい。

(2) 海外体験学習をデザインする3つのポイント

　異文化間能力を育てる海外体験学習をデザインするには、例えば、以下の3つのポイントが挙げられる。

①海外体験学習プログラムの目標と内容

　ポイントの1つ目は、設定した異文化間能力の枠組みをもとに海外体験学習プログラムの目標と内容を明確にすることである。

　異文化間能力は、異なる文化と文化の間で効果的に機能することのできる能力をいう（松尾・森茂 2017）。第5章で検討したように、日本社会における多文化共生を進めていく視点に立つと、日本人性を問題にしていく能力が必要であ

るように思われる。第2・3・4章で検討したように、日本人性は、空気のように意識されない文化実践、自分・他者・社会をみる視点、構造的な特権として機能し、社会的な不平等を生み出している。こうした日本人性に対峙する力が、異文化間能力のカギとなるといえる。

　そのため、第5章では、異文化間能力を、日本人としてのマジョリティ性の議論を踏まえて、「自らの日本人性について意識化し内省的にその社会的意味を検討するとともに、異なる人々を理解・尊重して効果的にコミュニケーションをとり、多文化共生の実現に向けて協働する力」と定義した。また、日本人性に基づく異文化間能力の構成要素について、知識、スキル、態度の項目に従い、知識（自文化、他文化、社会）、スキル（批判的思考、コミュニケーション、傾聴）、態度（思慮深さ、寛容・共感、主体的参画）のように整理した。

　このように設定された異文化間能力がプログラムやアセスメントを設計する際の基点となる。育みたい異文化間能力をもとに、第5章の多文化教育の目標や内容（92～94頁）を手がかりにしつつ、同海外体験学習において重要だと思われる視点から取捨選択し、アクセントを置きながら、プログラムの目的や内容に具体化していくことが求められるのである。

②海外体験学習プログラムのデザインの工夫

　ポイントの2つ目は、設定した育みたい資質・能力、プログラムの目標や内容をベースに、文脈に即して海外体験学習の学習活動を工夫してデザインすることである。

　学習活動の構想にあたっては、プログラムを通して目標に到達した学習者をイメージして、そのような学習者像を可能にするような学習活動をデザインする[1]。その際、例えば、以下のような工夫が効果的である。

　第一に、目標に達した学習者をイメージするにあたっては、ルーブリック（95頁の表3）の「おおむね基準をみたす」をベースに考えることがある。すなわち、知識・スキル・態度について、ルーブリック（評価基準表）のおおむね満足の基準を満たした学生のパフォーマンスを具体的にイメージする。次に、そうしたパフォーマンスが実現できるように学習活動を工夫して、海外体験学習をデザインすることが効果的である。

第二に、事前学習—海外体験学習—事後学習をつなぐことがある。海外体験学習では一般に、期間の長短はあるが、事前学習と事後学習が実施されるだろう。プログラムの効果を高めるには、事前学習での準備、現地での体験学習、事後学習での振り返りを関連づけてデザインすることが重要である。

　第三に、現地（海外）とオンラインで交流する活動を取り入れることがある。海外体験学習の準備としての事前学習、振り返りとしての事後学習のなかで、現地とインターネットでつなぎ、専門家にゲストスピーカーとして話をしてもらったり、複数の学習者と交流を図って親交を深めたりする機会を設けることで、海外体験学習の効果を高めることができる。

　第四に、自己—日本—現地（海外）をつなぐ場面を設定することがある。プログラムのデザインにあたっては、自己・日本人と現地（海外）の関係について比較したり、つながりを発見したりすることなどを通して、自分自身の日本人性について考察させる機会を設定していくことが効果的だろう。

　育てたい学習者像を明確にした上で、その実現に向けて、例えば、上述したような手立てを工夫することで効果的なプログラムが構想できると思われる。

③海外体験学習の評価の工夫

　ポイントの3つ目は、海外体験学習の評価を工夫することである。

　評価においては、とくに「体験の言語化」（早稲田大学平山郁夫記念ボランティアセンター 2016）により、「日本人性の意識化」をしていくことを重視する。評価のデザインにあたっては、例えば、以下の点に留意することが重要である。

　第一に、評価計画を事前に立てておく。プログラムの全体を視野に入れ、いつ、だれが、何を、どのように評価するのか、いかなる評価資料をどのタイミングで収集するのかなどの計画をあらかじめ決定しておく。なお、評価については、プログラムを経験した個々の学生の変容を捉えるための評価計画とともに、海外体験学習のプログラム評価のための計画がある。

　第二に、評価データの収集にあたっては、「体験の言語化」を重視する。体験の言語化とは、体験したことを振り返って言葉として表現する行為をいう。体験を体験のまま終わらせず、どのような気づきや学びがあったのかを振り返り発表したり文章化したりすることで、体験の意義づけや意味づけを行うので

ある。とくに、自分自身の日本人という意識について何がどう変わったのかについて内省的に考え、体験の言語化を通じて「日本人性の意識化」を図りたい。

　第三に、学習者の成果物やパフォーマンスの評価にあたっては、ルーブリックをもとに評価する。ルーブリックとは、評価指針、評価基準表のことをいう。学習者の成果物やパフォーマンスを客観的に評価するためには欠かせないツールである。ルーブリックの作成にあたっては、教育目標として具体化した知識・スキル・態度をもとに、プログラムの内容に即して評価基準を具体的に設定する。ルーブリックを用いた評価結果を重視しながら、個々の学習者の異文化間能力の変容や海外体験学習プログラムの効果や課題などについて検討していく。

　第四に、海外体験学習を実施する際には、カリキュラムマネジメントの視点をもつ。海外体験学習のプログラムとアセスメントを設計して、プログラムのPDCAのサイクルを回し、不断の見直しを図る。具体的には、1）プログラムで育てたい学習者像を明確に設定・共有し、2）その育成のためのカリキュラムを立案し、3）条件整備をデザインし、4）カリキュラムの評価と改善をする。多文化市民として育みたい学習者像の具体化、それに基づくプログラムのデザインとマネジメントの視点をもつことで、よりよい海外体験学習プログラムへの不断の改善をめざしていくのである。

　以上のようなプログラム設計の枠組み：1）育てたい異文化間能力の明確化、2）海外体験学習プログラムのデザインの工夫、3）評価のデザインの工夫をもとに、文脈に応じて、海外体験学習のプログラムのデザインとマネジメントを具体化していく。

2. キャリア体験学習（国際・台湾）の教育目標・内容の設定

(1) キャリア体験学習（国際・台湾）とは

　では、具体的にどのように海外体験学習をデザインしていけばよいのだろうか。ここでは、法政大学キャリアデザイン学部が2018年度より実施しているキャリア体験学習（国際・台湾）プログラムの事例をアレンジして紹介するこ

とにする。

　このプログラムは、日本との関係が深い一方であまり理解の進んでいない台湾を事例として、グローバルな視野に立ってキャリアデザインについて考察することを目的とするものである。具体的には、①台湾の歴史や社会、文化、人々について学び、②中国語の初歩を学び、③台湾につながる人々や大学生と交流し、④台湾において現地研修やフィールドワークを実施することを通して、⑤多文化社会でキャリア（人生）をデザインすることについて考える。

　このプログラムでは、台湾とはどのような場所か、台湾人とはいかなる人々か、どのような人間観やキャリア意識をもつのか、台湾と日本とはどんな関係にあるのかなどの問いに答える形で、台湾についての知識を深めていく。さらに、台湾や台湾の人々、人間観やキャリア意識、台湾と日本のつながりについて学ぶことを通して、グローバルな視点から自分自身のキャリアデザインについての見方や考え方がどのように深まったり変化したりしたのかについても検討する。

　なお、海外体験学習を実施する台湾は、親日的で治安がよく旅費が安いといった特徴をもっている。そのため、中学校・高等学校で実施される海外修学旅行のうち、台湾は全体のおよそ4分の1を占め（2019年度）[2]、大学においても人気のある留学・研修先となっている。また、政治、経済、文化のさまざまな面で日本との関係も深く、歴史的には日本の植民地であった時期もある。その意味で、日本人性を基礎に置く異文化間能力を育んでいくために適した学習の場でもある。

(2) キャリア体験学習（国際・台湾）の目標と内容

　キャリア体験学習（国際・台湾）プログラムのデザインは、基本的には第5章で検討したようなカリキュラムデザインの手順に従って行う。

　第5章では、異文化間能力の定義と構成要素を踏まえて、教育目標が92〜93頁のように設定されている。まず、この教育目標を手がかりにしながら、台湾におけるキャリア体験学習の文脈に即して、知識、スキル、態度を検討し、より具体的に目標を設定する。設定したキャリア体験学習（国際・台湾）の教育目標は、次の通りである。

キャリア体験学習（国際・台湾）の教育目標

　日本と関係が深い台湾におけるキャリア体験学習を通して、同心円的なパースペクティブ（日本人性）に気づくとともに、多文化・グローバルなパースペクティブを働かせて、キャリアデザインと多文化共生の諸課題を空間や時間の軸を踏まえて追究する。このことを通して、日本人としての自己、台湾人という他者、台湾の社会、人間観やキャリア観、就労意識の違いなどについての理解を深めるとともに、グローバルな視野からキャリアをデザインすることについて考察することから、台湾や日本、地球という多文化社会に主体的に生きる市民としての資質・能力を育成することをめざす。

①政治・経済・社会・文化をめぐる概念や理論を手がかりに、台湾、台湾とつながる日本、世界についての理解を深めるとともに、国際的なキャリアデザインや多文化共生をめぐる現代の諸課題を空間や時間の軸を踏まえて理解する。（知識）

②国際的なキャリアデザインをめぐる諸課題を追究する過程で、台湾、台湾の人々、日本との関係について批判的に思考したり、台湾の人々と効果的にコミュニケーションをとったり、台湾の人々の話を傾聴したりする。（スキル）

③台湾の人々やその経験、文化に対して、判断留保や内省を含めた思慮深さ、人権感覚に裏打ちされた寛容や共感を育み、多文化共生社会の形成に協働して主体的に参画していこうとする態度を涵養する。（態度）

　次に、キャリア体験学習（国際・台湾）の教育内容を設定する。第5章で設定した多文化教育の教育内容をもとに、台湾におけるキャリア体験学習プログラムの文脈に即して、より具体的に内容を考える。設定した教育内容は、以下の通りである。

キャリア体験学習（国際・台湾）の教育内容

①他者理解：自分とは異なる文化をもつ台湾の人々の経験や歴史、文化に関心をもち、人間観やキャリア観、就労意識の違いについて理解しようとする。（概念：自己、他者、文化、多文化、社会、アイデンティティ）

②傾聴：文化が異なるために起こるコミュニケーション上の問題を理解するとともに、文化的に異なる台湾の人々と積極的に交流してコミュニケーションをとり、真摯に話に耳を傾けようとする。（概念：異文化間コミュニケーション、傾聴）

③マジョリティ性の気づき：台湾の現地において自分自身がマイノリティになる
　経験をもとに、日本人性のもたらす自民族中心主義的な見方や考え方について
　気づく。（概念：日本人性、自民族中心主義）
④社会構造の理解：女性の社会進出やLGBTの権利保障の進む台湾という多文化
　社会についての理解を深め、偏見や差別、社会構造を自分自身の問題として考
　えようとする。（概念：マジョリティとマイノリティ、偏見、差別、権力、人種
　主義）
⑤グローバル社会の理解：台湾や、台湾の日本との関わりをもとに、グローバル
　化が進むなかで、もの、情報、人のボーダレスな相互関係や相互依存が深まっ
　ているグローバル社会におけるキャリアデザインについて理解しようとする。
　（概念：グローバル化、ボーダレス化、移民、難民、経済格差）
⑥地球規模の課題：中国、アメリカ、日本など、台湾を取り巻く国際情勢をもと
　に、安全保障や平和、人権など地球的な諸課題について理解し、問題解決に取
　り組もうとする。（概念：持続可能な社会、環境、人権、平和、国連）
⑦多文化市民としての参画：台湾において活発に展開する市民活動や政治参加に
　学び、多文化共生社会を築く市民として、現代社会の課題の解決に向けて主体
　的に行動しようとする。（概念：多文化共生、多文化主義、社会統合、市民、社
　会参画）

3. キャリア体験学習（国際・台湾）プログラムのデザイン

　学習活動の構想については、目標に到達した学生をイメージして、そのよう
な学生像が可能になるように学習活動をデザインする。具体的にはルーブリッ
クの「おおむね基準を満たす」に達した学生の姿をイメージした上で、事前学
習、体験学習、事後学習をデザインする。キャリア体験学習（国際・台湾）の
事例では、事前学習で、台湾についての概要を学び、現地との交流をもち、し
おりを作成して、海外体験学習への準備を行う。現地の体験学習では、イン
ターンシップ、フィールドワークを行い、元智大学の大学生や台湾校友会役員
と交流をする。事後学習においては、国内フィールドワークを行い、さらに台
湾の理解を深めるとともに、台湾現地での体験学習を振り返りながら、ポス
ターや報告書を作成し学んだことを整理していくことで、体験の言語化を図っ

ていく。以下に、同プログラムの詳細について紹介することにする。

①春学期・事前学習

　春学期は、台湾の概要を知るために、地理、歴史、政治、経済、社会、文化などについての調べ学習を中心にしながら追究する。また、台湾の元智大学の学生とオンラインで交流し、海外体験学習への期待を高める。後半では、現地研修に向けて、インターン先の企業研究をし、しおりの作成を行う。中国語の学習は短時間であるが、基礎的なコミュニケーションができるようにするため、春学期を通して実施する。

1）台湾事情の学習

　春学期14回の授業を具体的にみていくと、1回では、キャリア体験学習（国際・台湾）の概要を知り、見通しをもつためのオリエンテーションを行う。

　2回から7回まで台湾事情についての調べ学習を進める。各回のテーマは、台湾の概略と地理、歴史、政治、経済、社会、文化となっている。

　これらの台湾事情の授業ではまず、テーマについての導入を行った後、動画や写真なども活用しながら、授業担当者が各テーマについて概説する。次に、各学生による2分程度のプレゼンが続く。例えば、社会の回であれば、台湾の社会を理解するために、原住民、新移民、本省人と外省人、女性、性的マイノリティ、就労など、分担したトピックについてパワーポイントにまとめてきたものを発表する。その後、発表内容について質問やコメントを交流して、トピックをめぐる主要な論点などについて話し合う。

2）現地体験学習への準備としおり作成

　台湾事情について基本的な知識を学習した後、現地体験学習への準備を進める。8回では、台湾で交流予定である元智大学の大学生とオンラインで結び、大学や大学生活を紹介し合い、学生同士で交流して親睦を深める。

　11回から13回までは、台湾について学んだことをまとめるとともに、現地研修に向けてしおりを作成する。まず、しおり作成のための企画書づくりを行い、しおりのタイトルと目次を決め、紙面のイメージを共有し、しおり作成の計画と役割分担を行う。次に、原稿の依頼、表紙や裏表紙の作成、地図や写真やイラストの収集などを進めるとともに、分担した紙面について作成してい

く。そして、分担して作成した紙面を一つにまとめ、全体的な統一感をもたせながら編集作業を行う。みんなで読み合い、推敲し合って完成させる。14回では、前年度参加した学生を呼んで海外体験学習の概要を話してもらうとともに、質疑応答をする。また、完成したしおりをもとに、現地体験学習の直前チェックを行い、諸注意を聞く。最後に、海外体験学習での共通の課題と個人の課題を設定する。

②海外体験学習

　台湾での体験学習は、8月に2週間、元智大学の学生寮に滞在して台湾の学生とともに生活をしながら、台北でのインターンシップ、台北、台中、台南でのフィールドワーク、元智大学の学生や台湾校友会役員との交流などを行う。なお、体験学習のプログラムについては、日本と台湾の教育交流をしている日本台湾教育センターに委託し、法政大学の協定校である台湾の元智大学の協力を得て実施される。

　1日目（木）は移動日で、成田空港発の飛行機で桃園空港に移動する。2日目（金）には、元智大学において、オリエンテーションを行い、学生の交流を行う。3日目（土）には、元智大学の学生とともにグループで台北のフィールドワークを行う。また、台湾校友会の会員のライフヒストリーを聞いたり、インターン先の関係者との顔合わせを行ったりする。4日目（日）は、インターンへ向かう交通機関を確認したり、インターンに向けた準備をしたりする。

　5日目（月）から9日目（金）まで、企業等でのインターンシップを行う。インターン先の企業は、学生の希望により決定する。2019年度については、1）台湾角川股份有限公司（日本のKADOKAWAの現地法人）、2）新北市協拍中心（新北市が設立した映像作製やイベント開催などで観光地をアピールするセンター）、3）郭元益糕餅博物館（パイナップルケーキで知られる老舗菓子専門メーカー）、4）日立先端科技股份有限公司（日立傘下の半導体を中心とする現地法人）、5）Ponddy Education（オンラインによる中国語学習サイトの運営企業）、6）Horizon（台湾のWi-Fi貸出企業）において現地研修を実施した。例えば、Ponddy Educationでは、中国語学習を支援するPonddy Readerを使用した感想と改善点、Ponddy Readerの日本語校閲、アニメーションを観た感想と改善点、Ponddy Tutor

のオンライン授業を受け日本人に向けた改善点などを話し合うとともに、日本人向けの広告案を考案して、発表を行った。

　10日目（土）から12日目（月）までは、台中、台南への2泊3日のフィールドワークを行う。原住民の文化を知る九族文化村、烏龍茶、紅茶文化を体験する埔里、日本との関わりを知る霧社、八田與一記念館、オランダ、明・清、日本との関係を知る台南などを訪れる。外来政権によって征服が繰り返されてきた台湾の歴史、近代化に貢献した日本人、植民地支配に反発する抗日事件などの日本統治時代について理解を深め、これらの歴史や文化が台湾の人々の人間観やキャリア観に及ぼした影響について考察する。

　13日目（火）には、キャリア体験学習の成果報告・意見交換会を行い、インターンでの経験についてプレゼンテーションをするとともに、体験学習で得られた成果と課題について話し合う。14日目（水）は、桃園空港から成田空港への移動日となる。

③秋学期・事後学習

　秋学期は、現地体験学習の振り返りを行うとともに、日本のなかの台湾ということで横浜と東京でフィールドワークを行う。また、まとめの活動としてポスターと報告書の作成を行う。

　1回では、秋学期の授業の見通しをもつとともに、7回にかけて、現地体験学習の振り返りを行う。学生には、キャリア体験学習のレポートを提出させておく。振り返りにあたっては、企業研修、フィールドワーク、元智大学の学生との交流など、14日間で学んだ内容について、レポートの内容も踏まえながら進めていく。

　4回と8回では、日本のなかの台湾と題してフィールドワークを行う。4回は、横浜フィールドワークを実施し、横浜中華学院にて建国記念の式典に参加するとともに、孫文ゆかりの中華街を散策する。5回は、横浜フィールドワークの振り返りを行う。また、8回は、東京フィールドワークを実施し、台北駐日経済文化代表処、台湾観光協会東京事務所、台湾文化センター、台湾慈済日本分会などの機関を訪問する。9回は、東京フィールドワークの振り返りをする。

2回から11回にかけて、並行して、ポスターと報告書の作成を進める。2回は、ポスター・報告書づくりの計画を立てる。3回では、ポスター・報告書づくりのための企画書づくりということで、基本コンセプト、全体のイメージや構成、工程表などを検討する。また、役割分担を行う。5回には、構成やレイアウト等を決定し、6回では、骨子の決定を行い、7回と9回は、原稿の整理、10回と11回は、印刷と校正を進める。12回のポスター・報告書の合評会①では、完成したポスター・報告書の成果と課題を検討する。13回の合評会②では、昨年のメンバーに報告する。

　最後に14回では、キャリア体験学習（国際・台湾）のプログラム全体の振り返りを行う。

キャリア体験学習（国際・台湾）

〈春学期・事前学習〉

1回　オリエンテーション　　自己紹介　概要説明

2回　台湾事情① 台湾の地理：台湾を旅行するとしたら　中国語学習 ①

3回　台湾事情② 台湾の大学生：元智大学学生との交流　中国語学習 ②

4回　台湾事情③ 台湾の歴史：台湾史の概要とは　中国語学習 ③

5回　台湾事情④ 台湾の政治：台湾の政治を知ろう　中国語学習 ④

6回　台湾事情⑤ 台湾の社会：台湾の社会を知ろう　中国語学習 ⑤

7回　台湾事情⑥ 台湾の文化：台湾の文化を知ろう　中国語学習 ⑥

8回　台湾事情⑦ 台湾人のアイデンティティ：台湾の人々を知ろう　中国語学習 ⑦

9回　台湾事情⑧ 台湾の経済：台湾の経済を知ろう　中国語学習 ⑧

10回　台湾事情⑨ 台湾の現地研修　中国語学習 ⑨

11回　研修プログラムに向けて①　しおり作成①　中国語学習 ⑩

12回　研修プログラムに向けて②　しおり作成②　中国語学習 ⑪

13回　研修プログラムに向けて③　しおり作成③　中国語学習 ⑫

14回　秋学期のまとめ　直前チック　現地の成果発表会の準備

〈海外体験学習〉

1日目（木）　移動

2日目（金）　オリエンテーション

3日目（土）、4日目（日）　大学生との交流、インターンシップの準備

　5日目（月）～9日（金）　台北での企業等インターンシップ

　10日目（土）～12日目（月）　台中・台南フィールドワーク

　13日目（火）　成果報告・意見交換会

　14日目（水）　移動

〈秋学期・事後学習〉

　1回　オリエンテーション　現地体験学習の振り返り①

　2回　現地体験学習の振り返り②、ポスター・報告書づくりの計画① 役割分担

　3回　現地体験学習の振り返り③、ポスター・報告書づくりの計画② 工程表の
　　　作成

　4回　横浜フィールドワーク

　5回　フィールドワークの振り返り、ポスター・報告書づくり① 構成やレイア
　　　ウト等の決定

　6回　現地体験学習の振り返り④、ポスター・報告書づくり② 骨子の決定

　7回　現地体験学習の振り返り⑤、ポスター・報告書づくり③ 原稿の整理

　8回　東京フィールドワーク

　9回　フィールドワークの振り返り、ポスター・報告書づくり④ 原稿の整理

　10回　ポスター・報告書づくり⑤ 印刷と校正

　11回　ポスター・報告書づくり⑥ 印刷と校正

　12回　ポスター・報告書の合評会① 完成したポスター・報告書の成果と課題

　13回　ポスター・報告書の合評会② 昨年度のメンバーへの報告

　14回　プログラム全体の振り返り　　春学期、秋学期のまとめ

4. キャリア体験学習（国際・台湾）の評価

　評価計画については、海外体験学習の節目となるプログラムの開始時、事前
学習の終了時、現地体験学習の終了時、プログラム終了時の4つの場面で実施
する。

　「体験の言語化」については、現地体験学習のレポート、及び、ポスター・
報告書をもとに、台湾についての理解がいかに深まったのか、台湾の人々と積
極的に交流ができたのか、多文化共生の態度をどのくらい醸成できたのかを

表9 ルーブリック

	十分に基準を満たす	おおむね基準を満たす	基準に近づいている	努力を要する
知識	歴史的（時間）認識・地理的（空間）認識に立って、政治・経済・社会・文化の視点から、台湾、台湾とつながる日本、世界について、また、国際的なキャリアデザインや多文化共生をめぐる現代の諸課題について十分な知識をもっている。	歴史的（時間）認識・地理的（空間）認識に立って、政治・経済・社会・文化の視点から、台湾、台湾とつながる日本、世界について、また、国際的なキャリアデザインや多文化共生をめぐる現代の諸課題についてある程度の知識をもっている。	歴史的（時間）認識・地理的（空間）認識に立って、政治・経済・社会・文化の視点から、台湾、台湾とつながる日本、世界について、また、国際的なキャリアデザインや多文化共生をめぐる現代の諸課題について知識が増えてきている。	歴史的（時間）認識・地理的（空間）認識に立って、政治・経済・社会・文化の視点から、台湾、台湾とつながる日本、世界について、また、国際的なキャリアデザインや多文化共生をめぐる現代の諸課題についての知識をあまりもっていない。
スキル	国際的なキャリアデザインをめぐる諸課題を追究する過程で、台湾、台湾の人々、日本との関係について批判的に思考したり、台湾の人々と効果的にコミュニケーションをとったり、台湾の人々の話を傾聴したりすることが十分にできている。	国際的なキャリアデザインをめぐる諸課題を追究する過程で、台湾、台湾の人々、日本との関係について批判的に思考したり、台湾の人々と効果的にコミュニケーションをとったり、台湾の人々の話を傾聴したりすることがある程度できている。	国際的なキャリアデザインをめぐる諸課題を追究する過程で、台湾、台湾の人々、日本との関係について批判的に思考したり、台湾の人々と効果的にコミュニケーションをとったり、台湾の人々の話を傾聴したりすることが少しでき始めている。	国際的なキャリアデザインをめぐる諸課題を追究する過程で、台湾、台湾の人々、日本との関係について批判的に思考したり、台湾の人々と効果的にコミュニケーションをとったり、台湾の人々の話を傾聴したりすることがあまりできていない。
態度	台湾の人々やその経験、文化に対して、判断留保や内省を含めた思慮深さ、人権感覚に裏打ちされた寛容や共感、多文化共生社会の形成に協働して主体的に参画していこうとする態度を十分にもっている。	台湾の人々やその経験、文化に対して、判断留保や内省を含めた思慮深さ、人権感覚に裏打ちされた寛容や共感、多文化共生社会の形成に協働して主体的に参画していこうとする態度をある程度もっている。	台湾の人々やその経験、文化に対して、判断留保や内省を含めた思慮深さ、人権感覚に裏打ちされた寛容や共感、多文化共生社会の形成に協働して主体的に参画していこうとする態度が少しもてるようになってきている。	台湾の人々やその経験、文化に対して、判断留保や内省を含めた思慮深さ、人権感覚に裏打ちされた寛容や共感、多文化共生社会の形成に協働して主体的に参画していこうとする態度をあまりもっていない。

把握する。また、海外体験学習の最初と最後に、台湾のイメージについてのコラージュを作成させ、両者を比較することで、体験学習プログラムを通して、何がどのように変容したのかを捉える。

　評価にあたっては、ルーブリックを活用する。なお、ルーブリックの作成については第5章の表3を踏まえ、台湾の海外体験学習プログラムを通して実現したい学生像をイメージしてできるだけ具体的に設定する。知識、スキル、態度の3つの観点と、十分に基準を満たしている、おおむね基準を満たしている、

基準に近づいている、努力を要する、の4つのレベルを設定した本事例のルーブリックは、表9の通りである。

5. 海外体験学習の意義

　多文化教育における体験学習はいくつかの点において重要な意味をもつ。

　第一に、マイノリティとしての体験をすることが挙げられる。日本人というマジョリティをめぐる政治性については、日本においてはほとんど気づくことはない。ところが、海外では多かれ少なかれ、外国人となることで自分自身がマイノリティの立場になったり、マイノリティの経験をしたりすることになる。こうした現地におけるマイノリティの経験から感じることや考えることは、日本における自分自身のマジョリティ性に気づく契機ともなる。海外でのマイノリティ体験が、日本社会における日本人であることの社会的意味を考えたり、自分自身のマジョリティ性を振り返ったりするきっかけになることが期待される。

　第二に、他者の在住する現地（海外）という文脈において、体験や活動を通した異なる人々との相互交流ができることが挙げられる。海外体験学習では、現地という具体的な場所において、体験を通した多様な人々との交流ができるプログラムがデザインされる。文献や映像などによる理解ではなく、いっしょに話し合ったり、ともに活動したりなど、自分の目や耳で実際に見聞きしたり、協働したりした上での他者理解が可能になる。このような直接的な関わりを通した他者の理解は、肌で感じたレベルでの多様性への気づきにつながると思われる。

　こうした体験を通した他者理解は第三に、現実に近いありのままの人間像の理解につながる可能性をもつ。私たちは、文化的に異なる人々を理解しようとする際には、ルーツ（root）を遡って純粋な人間像を追い求める傾向にあり、また、表面的な理解はステレオタイプや先入観を強化し、かえって他者理解を妨げることも多い。一方で、異なる他者と深く関わり合う体験ができれば、日本人／外国人などといったカテゴリーを超えて、人間としての共通性や個人としての多様なありようを含めた他者理解まで深められる可能性をもつ。

海外体験学習は、自らの自民族中心主義的な傾向への気づきをもたらすとともに、共通性や多様性をもった文化的に異なる人々のリアリティのある理解を可能にするものである。海外体験学習を効果的にデザインすることができれば、異なっているけれども同じ人間としての理解を促し、多文化共生に向けて協働していく力の育成へとつながっていくものと思われる。

おわりに

　グローバル化の加速を背景に、国の内外の多文化社会を生き抜く異文化間能力の育成が求められている。本章では、学生が大きな変容を遂げることが期待される異文化間能力を育む海外体験学習プログラムのあり方・進め方を具体的に検討してきた。

　本章では第一に、海外体験学習プログラムをデザインする基本的な枠組みと手順を以下のように提示した。

　①異文化間能力の定義および教育の目標と内容をベースとして、プログラム設計の要となる目標と内容を具体的な文脈に即して設定する。

　②海外体験学習の構想にあたっては、目標に到達した学生をイメージして、そのような学生像が実現できるように事前学習、海外での現地体験学習、事後学習をデザインする。

　③「体験の言語化」と「日本人性の意識化」に着目して、評価計画を立てる。その際、学習活動の節目で学生の成果物を収集し、知識・スキル・態度の観点をもつルーブリックをもとに評価をして、異文化間能力の視点から個人の変容やプログラムの成果と課題を捉えることにする。

　第二に、キャリア体験学習（国際・台湾）を事例として、プログラムをデザインする枠組みと手順を具体的に例示した。前述の①②③を踏まえ、事例では、事前学習において、台湾についての理解を深めるとともに、現地体験学習への意欲を高めるために元智大学の学生とオンライン交流の活動を実施する。体験学習では、台湾の現地において、インターンシップ、フィールドワーク、元智大学の大学生や台湾校友会役員との交流といった活動を行う。事後学習では、台湾を知る国内フィールドワークをして理解をさらに深めるとともに、体

験の言語化を図っていくために、海外体験学習のプログラム全体を振り返り、ポスターや報告書を作成する。以上のように、台湾を事例としたプログラムの具体的な計画や進め方の事例を紹介した。

このように本章では、異文化間能力の視点から、海外体験学習のプログラムデザインの考え方や進め方について検討し、理論や実践を基礎づける枠組みと手順を提示した。今後の課題としては、海外体験学習プログラムを実施しPDCAのサイクルを回し、プログラムの改善を図るとともに、データをもとに異文化間能力を育てる効果的な海外体験学習のあり方を追究していくことが挙げられる。

続く終章では、マジョリティ性を問う日本型多文化教育をどのように進めていけばよいのかについて検討する。

注

(1) 学習活動及び指導プログラムについては、ウィギンズとマクタイ（G. Wiggins & J. McTighe 2005）の逆向き設計の枠組みを参考に、目標を設定し、その目標を達成した具体的な学生像をイメージして、そのような学生のパフォーマンスが実現できるように学習活動及び指導プログラムを構想していくことにする。

(2) 新型コロナの影響がまだなかった2019年度調査（日本修学旅行協会）によれば、海外修学旅行の訪問国・地域別割合では、台湾が25.2％で第1位となっており、シンガポール（14.2％）、マレーシア（10.8％）がそれに続いていた（https://jstb.or.jp/files/libs/2100/202010051652103909.pdf　2023年11月6日最終閲覧）。

引用・参考文献

子島進・藤原孝章編（2017）『大学における海外体験学習への挑戦』ナカニシヤ出版.

松尾知明（2005）「『ホワイトネス研究』と『日本人性』――異文化間教育研究への新しい視座」異文化間教育学会編『異文化間教育』第22号、pp.15-26.

松尾知明（2019）「多文化教育と日本人性――異文化間能力の育成に向けて」『法政大学キャリアデザイン学部紀要』第16巻、pp.103-113.

松尾知明・森茂岳雄（2017）「異文化間能力を考える――多様な視点から」異文化間教育学会編『異文化間教育』第45号、pp.19-33.

松尾知明・森茂岳雄・工藤和宏（2018）「異文化間能力を生かす――実践に向けて」異文化

間教育学会編『異文化間教育』第47号、pp.1-15.

森茂岳雄・津山直樹（2016）「ハワイ日本人移民の教材づくりに関する海外スタディツアーの教育的意義——物語論的アプローチによる大学生の自己変容プロセスの分析を通して」『JICA横浜海外移住資料館研究紀要』第10号、pp.25-40.

村田晶子編著（2018）『大学における多文化体験学習への挑戦——国内と海外を結ぶ体験的学びの可視化を支援する』ナカニシヤ出版.

早稲田大学平山郁夫記念ボランティアセンター編（2016）『体験の言語化』成文社.

Bennett, J. M. (Ed.) (2015) *The Sage Encyclopedia of Intercultural Competence*, Sage Publications.

Deardorff, D. K. (Ed.) (2009) *The Sage Handbook of Intercultural Competence*, Sage Publications.

Deardorff, D. K. (2015) Intercultural Competence: Mapping the Future Research Agenda, *International Journal of Intercultural Relations 48*, pp.3-5.

Fatini, A. E. (2009). Assessing Intercultural Competence: Issues and Tools, In Deardorff, D. K. (Ed.), *The Sage Handbook of Intercultural Competence, Sage Publications*, pp.456-476.

Frankenberg, R. (1993) *White Women, Race Matters: The Social Construction of Whiteness*, University of Minnesota Press.

Wiggins, G. & McTighe, J. (2005) *Understanding by Design* (2nd ed.), Pearson.（グラント・ウィギンズ，G・マクタイ，J.（西岡加名恵訳）（2012）『理解をもたらすカリキュラム設計——「逆向き設計」の理論と方法』日本標準）

終　章

マジョリティ性を問う
日本型多文化教育への展開

はじめに

　移民時代の到来を背景に、外国につながる子どもたちに着目して、外国人児童生徒教育から多文化教育への展開の視点から、日本型多文化教育の考え方・進め方を検討してきた。一方で、多文化教育には一般に、その対象として、人種・民族に焦点を置きつつ、ジェンダー、社会階層、セクシャリティ、障がい、年齢などさまざまな人間の差異が含まれている。では、日本型多文化教育においては、多様性をどのように考え、人を分ける多様な軸をいかに位置づければよいだろうか。また、多文化教育を通して、どのように多文化共生社会を築いていくプロセスをイメージすればよいだろうか。

　終章では、これまでの章での議論を踏まえ、マジョリティ性を問う日本型多文化教育への展開を検討するとともに、多文化共生社会の実現に向けたプロセスについて考察することを目的とする。

　具体的には、多様性をどのように捉え、マジョリティの権力性をいかに理解するかについて整理した後、バリアフリーからユニバーサルデザインの形で多文化共生に向けた学級、学校、社会づくりのビジョンを提案する。

1. 多様性をどう捉えるのか

(1) 個性的に成長する私たち

　私たち一人ひとりは、個性をもった個人である（松尾 2020, pp.20-22）。個性とは、すべての人がそれぞれ固有にもっているその個人の全体的な特性のことをいう。人は、遺伝的に異なって生まれてくる。そのため、人は生まれながらにして個性的な存在である。

　その個性的な個人は、大人になっていく過程で、さまざまな人やものと出会

い、それらの環境との相互作用により影響を受けながら、新たな心身の性向を絶えず更新して発達していく。このように考えると、人間の成長は、個性化のプロセスそのものであり、生涯を通してますます個性的な存在になっていくといえる。

　このように個性的な成長に大きな影響を与えるものに、ある特徴によって人を分ける人種・民族、ジェンダー、セクシャリティ、社会階層、宗教、国籍などの社会的カテゴリーがある。日常のさまざまな状況や場面で、これらの社会集団に所属することで、集団に固有の規範やルールを学び、与えられた地位に応じてその役割を演じながら、自らのアイデンティティを形成していく。私たちは、例えば、日本人という社会集団のなかで、日本語を習得し、子ども、女性、生徒、先輩、社会人、親などの役を演じながら、日本流の人間関係を学び、日本式の慣習や文化を身に付けながら成長していくのである。

　こうした社会集団には、自分が含まれる内集団と自分が含まれない外集団がある。例えば、日本人が内集団であれば、それに含まれない外国人は外集団となる。また、「内」と「外」の集団には、日本人／外国人、男／女、健常者／障がい者など、非対称的な力関係が存在することも多い。私たちは、社会のマジョリティ（多数派）とマイノリティ（少数派）の間の力作用に影響を受けながら、自己／他者意識を育みつつ成長しているといえる。

　ただ、社会集団への帰属というものは、現実には、きわめて重層的で状況に依存する側面があることにも留意しておく必要がある。個人は複数の社会集団に同時に帰属しており、個人の視点からどの集団が意味をもつのかは状況によって異なる。同じ個人であっても国境を越えたり、社会集団の境界をまたいだりすれば、立場が逆転することも多い。さらに個人は、時間的な経過により所属する集団が変わったり、帰属している集団についての自分自身にとっての位置づけや意味づけが変化したりすることもある。ときとして、私たちはマジョリティになったりマイノリティになったりするのである。

(2) 同質性と多様性

　このように個性的な私たちであるが、現実には異なっていることよりも人として同じであることのほうがはるかに大きい。人間に共通するものとして、例

えば、人間に固有の能力、生物学的な特質、生まれながらにもつ人権、地球規模の問題に直面する運命共同体としての存在などが考えられる。

　私たち人間は、他の動物にはない高次の能力をもっている点で同質である。人は文字や言葉を使って、お互いにコミュニケーションをとることができる。また、高度の思考力をもち、道具を使うことができ、他の人と協力して、高いレベルの問題解決をすることができる。

　私たちはまた、人種としての違いよりも、人間として共通性のほうがずっと大きい。1970年代までの研究の成果から、遺伝子レベルでは、平均的な白人と黒人の間の違いは、それぞれの集団内にある違いよりも小さいことが明らかになっている（Duster 2001, p.115）。生物学的にみると、個人的な違いのほうが、白人や黒人などの人種による違いよりもずっと大きいのである。

　だれもが人権をもっている点で私たち人間はまた等しい存在でもある。人権は、人として生まれながらにもつ権利で、すべての人間が平等に有しているものである。地球上のどこに住んでいようが、国籍、言語、人種・民族、性別、宗教、社会階層、障がいの有無などにかかわらず、等しく享受されるべき権利として存在している。

　さらに、私たち人類は、深刻化する地球規模の問題にともに直面しているという点で共通している。人類は、環境、人口、貧困、人権、安全保障など、地球の抱える困難な問題の解決に迫られており、自らの存亡をかけた運命共同体を形成しているといえる。

　一人ひとり異なっている私たちは同時に、人間として同じであり、共通した特性をもち、運命を共有している存在でもあるのである。

(3) 個人、文化集団、人類の一員

　では、このように異なっていると同時に同じである私たちの存在は、どのように理解すればよいのだろうか。ここでは、図11のように、個人、文化集団、人類の一員といった三重の円として捉えたい。

　一人の人間は同時に、異なる属性をもつことができる。私たち一人ひとりは、個人であるが、視点を変えれば、文化集団の構成員でもあり、また、人間として同じ人類の一員でもある。私たちは、固有な個人として個性的な存在で

図11　個人、文化集団、人類の一員

あり、複数の文化に所属する文化集団のメンバーとしての多様性をもち、また、同じ人間として共通の特性や課題を有しているといえる。個人、文化集団、人類の一員として、私たちは、独自性と共通性を合わせもちながら、地球や日本という多文化社会にともに生きているのである。

このような私たちの属性を考えると、多文化共生を実現していくには、「人間としてのまなざし」と「文化や個人の差異に応じるまなざし」が必要であるように思われる。さらに、多文化教育の目的との関連から「共生へのまなざし」をこれらに加えたい。

1つ目は、「人間としてのまなざし」である。すなわち、平等や公正の視点に立ち、人間として共通に求められる学習権を保障していくという視点である。文化的には、すべての子どもにコミュニケーションやアイデンティティの基盤となる自らの言語や文化を学ぶ権利を保障することが必要であろう。また、社会的には、すべての子どもに基礎学力を身に付けさせ、キャリア形成をサポートしていくことで、学力やキャリアの保障を支援していくことが必要である。人間としての学習権をすべての子どもに保障していくことで、文化的及び社会的な平等をともに実現していくことが求められているのである。

2つ目は、「文化や個人の差異に応じるまなざし」である。文化的・社会的平等を保障するためには、異なる文化をもつことによる特別なニーズに目を向けるとともに、個々人の特有なニーズにも十分に関心を払うことが必要である。人は、文化的な差異とともに個人的な差異をもっている。したがって、文化の差異に応じた指導とともに、習熟状況、学習適正、学習速度、興味・関心、生活経験などの個人的な差異に対応する指導を合わせて実施していくことが基本となる。教師は、日本人というマジョリティ性をもっていることを自覚し、ある事象が、文化的な差異に起因するのか個人的な違いが原因なのかをつねに内省しながら、状況に応じて判断していくことが求められるだろう。

3つ目は、「共生へのまなざし」である。私たちは、一人の人間であり、文化的に異なる個性的な個人であり、また、多文化社会をともに築いていく市民でもある。マジョリティとマイノリティから構成される多文化社会においては、異なる文化を知り、自分とは異なる人々と効果的なコミュニケーションをとり、共生社会をともに築いていく意欲や行動力が求められるといえる。グローバリゼーションが急速に進む今日においては、第1章で検討した、だれもが関わり合い対話しながら新たな音楽を共創していくジャズのような多文化社会をイメージし、その構築のために参画しようとする共生のまなざしをもつことが不可欠であろう。

　以上のように、多文化教育においては、同質性と多様性につねに敏感になり、学習権の保障という人間としてのまなざしを基礎に、文化や個人の差異に応じるまなざし、多文化社会に生きる共生へのまなざしをもつことが重要であろう。これらの立場に立ち、マイノリティの視点から、日本の学校の脱構築、それを踏まえた再構築がめざされなければならないのである。

2. 日本人性の概念の拡張とマジョリティ性を捉える枠組み

　人間として共通している点がはるかに多いにもかかわらず、私たちは、人との違いにとらわれてしまう存在でもある。こうした多様性は、現実社会で私たちの考え方や生き方に多大な影響を与えている。ここでは、差異のポリティクスを背景としてマジョリティ性がどのように機能しているのかを可視化していく枠組みや視点について考えたい。

(1) 日本人性の概念の拡張

　私たちは日本人としてのマジョリティ性をもっており、第2章で検討したように、日本人／外国人といったマジョリティとマイノリティの間で、目には見えない空気のような力作用が働いていた。多文化教育は、人種・民族、ジェンダー、セクシャリティ、社会階層、言語、宗教などを広く対象とするが、外国につながる子どもの場合だけではなく、これらの人を分ける軸においても同様に、目に見えない文化実践、自己や他者、社会をみるまなざし、構造的な特権

として、マジョリティ性が機能しているといえる。

　例えば、ジェンダーの軸について考えてみよう。男性と女性の間には一般に、マジョリティとマイノリティといった非対称な関係がある。日本人性の場合と同様に、男性性（男性であること）は、男女といった差異のポリティックスによって形成されてきたもので、目には見えない文化実践、自己や他者、社会をみる視点、構造的な特権から構成されるものである。男性としてのマジョリティ性は、不可視な男性中心の文化、男女をみるまなざしを形成し、マジョリティによる強制というよりは、ふつう、あたりまえとされる文化実践やまなざしによって男性の特権が形成されているのである。人を分けるその他の軸においても、同様のマジョリティ性による力作用が認められる。

　さらに、インターセクショナリティといった複数の軸が交差する場合もある。例えば、外国人であり女性である場合には、国籍とジェンダーという2つの軸が交差しており、それらが相互に影響を与える形でマジョリティ性が機能している。このような複数の社会集団に同時に所属していることによる力作用についても考慮に入れておく必要がある。

　したがって、日本型多文化教育においては、日本人性の概念を拡張して、国籍のみならず上述の差異やインターセクショナリティを含めたものとして考えたい。すなわち、日本、日本人、日本の社会や文化といった日本の物語に、これらの多様な人々の物語は含まれているのかということを問題にするのである。日本の物語に外国につながる子どもが含まれているのかを問うてきたのと同様に、例えば、スタンダードとされる日本の物語に女性の物語やLGBTの物語、外国人・女性の物語は含まれているのかを問うのである。

　もちろん人を分ける軸やそれらが交差する軸にはそれぞれ、マジョリティ・マイノリティの関係性をめぐる固有の特徴があるだろう。一方で、差異のポリティックスという点では共通した課題を有している。日本人性の概念で検討してきたことを手がかりに、日本人／外国人以外の人を分ける軸においても、マジョリティ性の問題とどう向き合っていけばよいかについて追究していくのである。

　日本型多文化教育では、以上のように、日本人性の概念を拡張して、日本人／外国人の軸だけではなく、さまざまな社会集団におけるマジョリティ性につ

いても包含しつつ、多文化共生を共創していく市民を育成する教育のあり方を
考えることにしたい。

(2) マジョリティ性と文化と構造の再生産

　日本人というマジョリティ性を捉えるために、オミとワイナント（M. Omi &
H. Winant 1994）による「人種プロジェクト」という概念を援用することにす
る。この考えによれば、人種の概念が形成され、不平等な社会構造が構築され
ていく人種プロジェクトには、人種がいかに社会で表象されているのかといっ
た言説の次元とともに、人種をもとに階層化された社会構造といった物理的な
次元があるという。これらの文化と構造の次元はまた、相互に影響し補完し合
いながら機能しているとされる。

　例えば、一方で、アメリカにおいて日常的に繰り返される人種についての言
説実践は、人種的に階層化された社会関係を表象することによって、人々が
もっている人種に関する認識や理解をつくり出し、人種を軸とした非対称な社
会構造を構築していくことになる。

　逆に、人種による不平等な社会構造といった実態が、日常生活のなかで人種
による処遇や経験の違いを生み、そのことが人々の人種に関する認識や理解を
形成し、人種をめぐっての言説が実践されるといった側面がある。

　このように、人種という意味が表象され流布される文化の側面と、人種に
よって構築される社会構造の側面とは補完的に強化される関係にある。そのた
め、人種主義を生み出している人種プロジェクトを把握するには、人種をめぐ
る言説や言説実践といった文化的な次元と、人種による非対称な関係といった
構造的な次元の両方の理解が必要になってくるのである。

　こうした人種をめぐるマジョリティ性の特徴は、人種以外の人を分ける軸に
おいても適用することができるだろう。中心と周縁に位置づくマジョリティと
マイノリティの社会関係は、文化と構造の補完的な関係を通して構築されるプ
ロジェクトによってつくられるものといえる。マジョリティ性を理解していく
には、文化と構造といった2つの次元を考慮に入れ、言説がどのようにつくら
れ社会に流通しているのか、それと同時に、社会構造がいかに形成されている
のかといった差異形成をめぐるプロジェクトを把握していくことが必要になる。

(3) ミクロ・メゾ・マクロレベル

　こうしたマジョリティ性を生み出し存続させているプロジェクトは、ミクロ・メゾ・マクロレベルなど、社会のさまざまな文脈や状況、レベルのなかで生起している（工藤 2019）。

　例えば、社会といったマクロレベルでは、多文化をめぐる問題や諸課題が議論され、法律や制度がつくられたり、政策が進められたりと、マジョリティとマイノリティの関係や構造の大枠が決められていく。一方で、学級といったミクロレベルでは、個人間の直接的な相互の交流や活動のなかで、多文化をめぐって言説がやり取りされ、その認識が実践され、日常の生活においてのマジョリティとマイノリティの社会関係が形成される。さらに、学校などの組織といったメゾレベルでは、マクロとミクロをつなぐ支援や調整、管理などが行われる。

　ミクロ・メゾ・マクロのそれぞれの現場では、多文化をめぐってどのようなアクターが存在し、いかなる利害関係者がいるのか。また、各レベルには、どんな目的、価値観、イデオロギー、権力、利害をめぐる一致、不一致、アンビバレンス、妥協などが存在するのか。ミクロ・メゾ・マクロのレベルには、相互にいかに影響を与え合うシステムが成立しているのか。マジョリティ性が構築され機能している多文化状況を把握していくには、各レベルの現場における差異のポリティックスを可視化していくことが重要であろう。

　マジョリティ性の生み出す言説や言説実践は、さまざまなレベルで繰り返され、常識が形成され、社会の不平等な構造をつくり出している。ミクロ・メゾ・マクロの現場で、多様なアクターが登場し、マジョリティ性をめぐる言説が儀式のように繰り返され、社会構造が維持、存続されているといえる。多文化共生への変革を進めていくには、こうしたマジョリティ性の力作用を可視化するミクロ・メゾ・マクロの現場における丁寧な分析と理解が必要とされるだろう。

3. 多文化共生への社会変革のプロセス

　では、これまで検討してきたようなマジョリティ性を克服し、ジャズとしてイメージされる多文化共生社会を実現していくには、どのような多文化教育の

表10　日本型多文化教育の類型

1. マジョリティ性への気づき 　(1)多文化社会の理解 　(2)マジョリティ性の理解	社会認識を育てる
2. マイノリティの物語の発掘 　(1)多様な物語の掘り起こし 　(2)文化的障壁の解明	
3. 新しい日本の物語の再構築 　(1)バリアフリー 　(2)ユニバーサルデザイン	問題発見解決力を育てる

アプローチが求められるのだろうか。ここでは、第6章で検討した日本型多文化教育の類型をもとに、(1) マジョリティ性への気づき、(2) マイノリティの多様な物語の発掘とバリアの同定、(3) 新しい多文化な日本の物語の語り直しとインクルーシブな社会への変革について検討したい。

(1) マジョリティ性への気づき

　第一に、多文化教育においては、マジョリティの視点から主流集団を中心としたどのような言説が実践され、マジョリティ中心の社会構造がいかに構築されているのかといったマジョリティ性への気づきを促すことが求められるだろう。

　文化の次元では、常識とされている日本、日本人、日本文化についての物語は、①社会的に構築されたものであり、マジョリティのバージョンの言説となっている傾向にあること、②気づかれにくいが、マジョリティの中心が隠されており、マイノリティの声は周縁化されていること、③マイノリティの声は取り上げられないか、言及がある場合でも誤ったりステレオタイプ的に語られたり、付け加えとして扱われたりする傾向にあることなどについての気づきを促していくことが期待される。

　構造の次元では、①マジョリティのまなざしや文化実践と表裏一体の形で、マジョリティ性により構築された不平等な社会関係が存在していること、②経済的な格差、社会的な地位や役割の不均衡、特権など、人を分ける軸をはさんで、非対称な社会構造が存在していることなどへの理解が求められる。

　外国につながる子どもを例でみてみると、日本の学校は、日本人性を反映し

て、主流集団の視点から日本人を中心とした教育の枠組みとなっている。日本の国民を育てることがめざされており、日本、日本人、日本の社会や文化についての教育内容が中心で、日本式の教育のやり方で学習が進められている。こうした日本人を中心とした教育の枠組みは暗黙の了解となっており、通常は認識されることはない。外国につながる子どもへの支援がある場合も、通常の日本式の教育実践のなかで付加的に配慮されている程度である。日本の学校は、日本の教育のルールやシステムに、外国につながる子どもを適応させる文化的な同化装置となっている。一方で、暗黙の了解とされる日本のルールのため、かれらの学力の向上や進路の保障への対策は進んでおらず、社会的な格差を生む構造を形成しているといえる。

　この事例のように、マジョリティ中心の物語を脱神話化し、人を分ける軸においてマジョリティとマイノリティの間の非対称な社会構造を露わにしていくのである。日本の物語のなかには、自民族中心主義的な視点があり、不平等な社会構造を構築している日本人性への気づきへと導いていくことが期待される。

(2) マイノリティの多様な物語の発掘とバリアの同定

　マイノリティの声を聴くことで、日本人としてのマジョリティ性のもとでこれまで沈黙させられてきたマイノリティの多様な物語を掘り起こすことが求められる。また、マジョリティ性のもとで、マイノリティはどのような社会的現実に直面し、いかなる文化的な障壁を経験しているのかを明らかにする必要がある。

　文化的次元では、マイノリティの物語はマジョリティの常識に合わないため、これまで沈黙させられていて、マジョリティの視点からのマイノリティ像として表象される傾向にあった。そのため、マジョリティの不可視な文化実践のもとで見過ごされてきたマイノリティの声を聴き、多様な物語を発見していくことが重要である。

　構造的次元では、マジョリティ中心の社会のなかで、マイノリティはいかなる文化的障壁に直面しているのかを可視化することが求められるだろう。知らず知らずのうちに文化的な同化が強いられる一方で、主流の社会への構造的な同化は進まない日本社会のもつ文化的な障壁を同定していくことが大切で

ある。

　外国につながる子どもを例にみてみると、沈黙させられてきたマイノリティ
の多様な物語を聴くことが期待されるだろう。また、マジョリティ中心の社会
のなかで、文化的な障壁を抱えていることを知ることが必要だろう。例えば、
日本の学校では、すべての子どもに対して平等な教育が行われているとされ、
日常会話のできる外国につながる子どもに対しては特別な支援はほとんどな
い。さらに、先行研究から、日常で使用する会話力は1〜2年で獲得されるが、
教科に特有な抽象度の高い学習言語の習得には5〜7年かかるといわれている。
したがって、外国につながる子どもの多くが、日本語で会話はできる一方で、
授業がわからない、授業についていくことができない状況にいるのである。こ
れらの子どもの言語的なニーズに応えられていない現状というものは、言語的
な困難を抱えるかれらを制度的に落ちこぼす構造を形成しているといえる。

　マイノリティの生の語りを聴き、ありのままの現実から、多様な物語を掘り
起こすことが大切であろう。常識に合わないものと扱われてきたマイノリティ
の声に真摯に耳を傾け、マイノリティの視点からの新たな日本の物語を掘り起
こすとともに、上述の事例のように、マイノリティが直面している文化的な障
壁や生きづらさについての現実を掘り起こしていくことが必要とされていると
いえる。

(3) 新しい多文化な日本の物語の語り直しとインクルーシブな社会への変革

　マジョリティ中心の文化や社会構造を露わにし、マイノリティの多様な声を
回復していくと同時に、日本の物語は、多文化の視点から、新たな物語として
語り直され、再構築される必要がある。また、不平等な社会構造は、より公正
で平等な社会へと変革していくことが求められる。

　文化の次元では、マイノリティの視点から、インクルーシブな日本の物語へ
の再編を試みていくことが重要である。マジョリティ中心ではなく、マイノリ
ティの声が反映された、新しいバージョンの多文化な日本の物語へと語り直し
ていくのである。

　構造の次元では第一に、日本社会のバリアフリー化[1]を進めることが必要
である。マイノリティが経験しているつまずきや生きづらさ、文化的障壁を取

り除くための支援を提供して、主流の社会への参加や参画を可能にしていくバリアフリー化を進めていくことが期待される。

　第二に、日本社会のユニバーサルデザイン化[2] を進めることが必要である。マイノリティの特別なニーズをすべての社会の構成員にとっての利益に転換していくことで、だれもが活躍できる多文化共生のスペースをつくり出していくのである。マジョリティとマイノリティの二項対立的な構造をずらし、インクルーシブな新たな日本の物語の再構築を図っていくことが期待される。

　外国につながる子どもの例では、授業づくりにあたって、第8章で取り上げたように、例えば、内容ベースの言語教育研究の知見をもとにバリアフリー化をめざすことが考えられる。学習言語のニーズに応えて、教科の基本概念や学習方略を指導するとともに、わかりやすい日本語を使う、絵、図、物などを用いて視覚的に教える、明快な授業展開にする、丁寧な板書にするなどの手立てにより、かれらが直面する言語的なバリアを取り除いていく工夫をすることが考えられる。

　さらに、言語的なバリアフリーをすべての子どものユニバーサルデザインに転換していくことが考えられる。学習言語のニーズに対応した支援は、前述のように、外国につながる子どもにとってはなくてはならないものである。一方で、教科の概念を重視したり、見えるように教えたり、学習方略を活用したりする工夫は、わかりやすい授業づくりへの改善につながり、つまずきがちな子どもを含めすべての学習者に恩恵をもたらすアプローチでもある。したがって、外国につながる子どものニーズをすべての子どもの視点から捉え直すことで、だれにでもわかりやすいユニバーサルデザイン化された授業づくりへの革新が実現されるのである。

　この事例のように、マイノリティの特別なニーズのバリアフリー化を図っていくとともに、そのニーズをマジョリティのニーズと関連づけ、すべての者にとって有益なユニバーサルデザインへと展開させていくことが期待される。そのことによって、マイノリティのニーズと支援についての知見を基礎に、一人ひとりが大切にされる学級・学校・社会の再構築が進み、文化的な個性が尊重され伸長される多文化共生社会のユニバーサルデザイン化を図っていく道が拓かれていくのである。

4. 多文化共生空間の創造

(1) バリアフリーからユニバーサルデザインへ

　ここでは、多文化の共生する空間に向けたバリアフリーからユニバーサルデザインへのプロセスをより詳細に検討しておきたい。

　図12にあるように、1つ目の段階が学級のバリアフリー化で、マイノリティの特別なニーズの把握と支援が進められる。学級というミクロなレベルで、マイノリティの声に耳を傾け、少数派が直面している生活や社会の問題や課題を探っていく。当事者の声を傾聴することを通して、マイノリティの生きづらさを生んでいる目に見えない「ガラスの箱」の内実を明らかにしていく。さらに、浮かび上がってきた問題や課題の解決に取り組み、文化的な差異に起因するつまずきや障壁、生きづらさを取り除いていくことで、バリアフリー化を進めていく。

　2つ目の段階が学級のユニバーサルデザイン化で、マイノリティのつまずきやニーズの、すべての個人の視点からの捉え直しが進められる。マイノリティの抱えている問題や課題は、程度の差こそあれすべての個人にあてはまるものである場合も多い。マイノリティのニーズをすべての個人の視点から見直すことで、すべての個人にとって利益となるユニバーサルデザイン化を進めていくのである。

　3つ目の段階は学級から学校、さらに社会のユニバーサルデザイン化をめざ

---

1. 学級のバリアフリー化：マイノリティの特別なニーズの把握と支援
　　　↓
2. 学級のユニバーサルデザイン化：つまずいているすべての個人への支援
　　　↓
3. 学級から学校、さらに社会のユニバーサルデザイン化
　　個人のニーズに応じた配慮・支援、多様性を尊重する文化の醸成

図12　ユニバーサルデザインへのプロセス
出典：全日本特別支援教育研究連盟（2010）を参考に作成。

すもので、ミクロレベルの学級の取り組みをメゾレベルの学校、マクロレベル
の社会へと拡大していく段階である。こうしたプロセスを通して、個人のニー
ズに応じた配慮・支援、多様性を尊重する文化の醸成を行い、社会全体のユニ
バーサルデザイン化を進めていく。すべての個人が文化的・個人的な差異に敏
感になり、それらのニーズに対応した学級、学校、社会という多文化共生の空
間を実現していくのである。日本社会のユニバーサルデザイン化を進めるに
は、個々の特別なニーズをすべての市民の利益に転換するとともに、マイノリ
ティとマジョリティがともに学ぶ多文化共生空間をつくっていくことが求めら
れるだろう。

(2) ユニバーサルデザインとしての多文化共生空間とは

　バリアフリーはマイノリティとマジョリティの二項対立的な関係であるが、
ユニバーサルデザインは、二項対立を超えた第三の新たな空間を創出するもの
と捉えることができる。新しい多文化共生空間は、例えば、以下のような3つ
の特徴をもつ。

①すべての個人の学力が保障される空間

　多文化共生空間とは、マジョリティとマイノリティが違いにかかわらずとも
に効果的に学ぶことのできる場である。そこでは、マイノリティの特別なニー
ズが把握され支援が提供されるバリアフリー化、さらに、それをすべての個人
のニーズに応える学びへと展開させるユニバーサルデザイン化を進め、だれも
が学ぶことのできる空間を創出していく。違いの有無にかかわらず、文化や個
のニーズに応じた支援を提供することで、多様な個人が十分に力を発揮して学
び合い、すべての個人の学力が保障される効果的な学びの場をつくっていくこ
とが期待される。

②異なる文化を学び合う空間

　多文化共生空間は、マジョリティとマイノリティがともに異なる文化を学び
合う場でもある。私たちは、個性的で多様な個人によって構成される多文化な
社会に生きており、文化的な多様性は、社会を豊かでダイナミックなものにし

てくれる。違いがあるからこそ学び合うことができる。双方向的な学習を通して、言語や文化、歴史や経験、生き方、偏見や差別など、異なる視点や考え方を学び合うことができる。また、協働して問題解決に取り組む学習を繰り返すことで、異なる人々と協働することを学び、多文化社会を生き抜く力を培っていくことができる。多文化の学級、学校、社会において、ともに学び合い、多様性とともに生きることを学ぶ空間をつくっていくことが期待される。

③新しい知識を共創する空間

　多文化共生空間はまた、新しい知識を共創する場でもある。多文化での学び合いは、見方を変えれば、創造やイノベーションを生み出していく可能性を秘めるものでもある。変化の激しい予測の困難な知識社会においては、創造やイノベーションが求められるが、新しい価値やものの創造や活用にあたっては、文化的に多様な背景をもつ人々が協働的に問題解決することが効果的であると指摘されている。差異が出会うことにより化学変化が生まれ、新たなものや価値、サービスが創造されるのである。多文化をもつ人々による学びは、知識の創造と活用が求められる知識社会を生き抜いていくコンピテンシーを培うことにもつながるものである。多文化の学級、学校、社会は、創造やイノベーションを生み出す共創の場とすることが期待される。

　このような多文化共生空間を具体的にイメージしていくことが大切であろう。ユニバーサルデザインとしての学びの空間を実現することで、二項対立の関係ではない多文化の学級、学校、社会をイメージして、多様な構成員すべてにとってwin-winの関係をもった空間を共創していくことができる。

　とくに、新しい知識を創造し活用していく場という側面は重要である。マイノリティの特別なニーズへの支援は、マジョリティ中心の社会ではなかなか進まないという現実がある。それが、ユニバーサルデザインとして、マジョリティにも恩恵があるものとして位置づけることができれば、そうした個々のニーズを支援していく試みは大きく進んでいく可能性がある。

　ユニバーサルデザインの視点から、個々のニーズへの支援や配慮を進め、多様性を尊重する文化を醸成していくことで、学級、学校、社会を多文化共生空

間へと変革していくことが期待されるのである。

おわりに

　違いにかかわらずだれもがありのままで生きられる多文化共生社会を築いて
いくにはどのようにしていけばよいだろうか。パーソナルコンピューターの父
といわれるアラン・ケイ（A. C. Kay）の言葉に、「未来を予測する最もよい方
法は、未来をつくることである」というものがある。

　本書で検討してきた日本型多文化教育は、マジョリティ性を問うことで多文
化共生の未来を築いていくための試みといえる。それは、マジョリティとして
の日本人の意識変革を促し、バリアフリーからユニバーサルデザインへといっ
たプロセスにより共生社会を実現していく試みである。日本型の多文化共生社
会への再構築を図っていくためにも、差異とともにある学びのデザインが今求
められているといえるだろう。

　このような学びのデザインはまた、日本社会に新たな可能性を拓くものでも
あった。AIやIoT、ビッグデータなどの技術革新が加速し、グローバル化が
急速に進む一方で、気候変動、環境、安全保障、感染症など深刻な問題を抱え
る今日、解のない課題に立ち向かい、未来に向けて変革を起こすコンピテン
シーの育成が必要となっている。このような直面する困難な課題に対して応え
ていくためにも、多文化教育は、異なる文化の交差する学習空間での協働的な
学びを促すことで創造力やイノベーションを育んでいくこれからの学校教育の
あり方や方向性を示唆するものでもある。

　差異とともに生きることは、これからますます大きな課題となっていくに違
いない。だれもが、文化的な差異にかかわらず、自分らしさが尊重され、しあ
わせを追求していくことのできるインクルーシブで創造的な共生社会の実現が
期待されている。そのためには、マジョリティとしての意識改革を通して、私
たち日本人自身が変わっていくことが必要なのであろう。移民時代を迎えた
今、異質な楽器がダイナミックに交わり合い絶妙な混成の音楽が創造される
ジャズのように、多文化共生社会という未来を共創していくためにも、日本人
というマジョリティ性の社会的な意味を問い直す日本型多文化教育への革新が

求められているのである。

注
(1) バリアフリー化とは、主流とは異なる文化をもつ者が、文化的な不連続を経験しながら
    も、発達の連続性を保ちながら異文化間の横断を可能にするために、文化的な障壁を取
    り除く支援を提供するアプローチといえる。
(2) ユニバーサルデザイン化は、多文化共生の実現をめざす際に、諸刃の剣となるものでも
    ある。すなわち、ユニバーサル化といった枠組みを進めることでかえって多様性が制限
    され失われるといった危険性もある。しかしながら、多文化の共生のためには、多様性
    が尊重される共通のルールを見出していく試みは不可避であり、また、マジョリティに
    も受け入れやすい形でその枠組みをデザインしていくことは、多文化共生を現実的に推
    進していく上でも戦略的に重要である。

引用・参考文献
工藤和宏（2019）「政策的視点からの異文化間教育研究の意義と現状」異文化間教育学会編
    『異文化間教育』第49号、pp.12-26.
全日本特別支援教育研究連盟編（2010）『通常学級の授業ユニバーサルデザイン――「特別」
    ではない支援教育のために』日本文化科学社.
中央教育審議会（2016）「幼稚園、小学校、中学校、高等学校及び特別支援学校の学習指導
    要領等の改善及び必要な方策等について（答申）」平成18年12月21日.
松尾知明（2013）「日本における多文化教育の構築――教育のユニバーサルデザインに向け
    て」松尾知明編著『多文化教育をデザインする――移民時代のモデル構築』勁草書房、
    pp.3-24.
松尾知明（2020）『「移民時代」の多文化共生論――想像力・創造力を育む14のレッスン』明
    石書店.
Duster, T. (2001), The "Morphing" Properties of Whiteness, In Rasmussen, B. B., Klinenberg, E., Nexica,
    I. J. & M.Wray (Eds.), *The Making and Unmaking of Whiteness*, Duke University Press, pp.72-96.
Omi, M. & Winant, H. (1994) *Racial Formation in the United States from the 1960s to the 1990s* (2nd
    ed.), Routledge.

資　　料

資料1.　小中高で連携した社会認識の育成

　社会科、地理歴史科、公民科では、「社会的な見方・考え方」を育てていくことが小中高を貫く課題とされている。社会的な見方・考え方は、小学校社会科においては、「社会的事象を、位置や空間的な広がり、時期や時間の経過、事象や人々の相互関係などに着目して捉え、比較・分類したり総合したり、地域の人々や国民の生活と関連づけたりすること」を「社会的事象の見方・考え方」として整理されている。

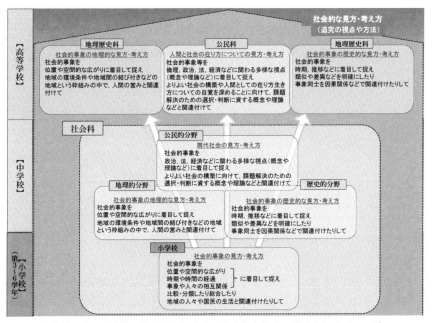

図13　社会科、地理歴史科、公民科における「社会的な見方・考え方」のイメージ
出典：中央教育審議会（2016）別添資料、p.12.

また、中学校社会科、高等学校地理歴史科、公民科においては、校種の段階や分野・科目の特質を踏まえた「見方・考え方」がそれぞれ整理されている。それらの総称として、「社会的な見方・考え方」の呼称が使われている。

社会科、地理歴史科、公民科における「社会的な見方・考え方」の発展を示したものが図13である。地理的分野、歴史的分野、公民的分野をめぐり、小学校、中学校、高等学校と校種が上がるに従い、視点の質や問いが高まるような展開として構想されている。

引用文献

中央教育審議会（2016）「幼稚園、小学校、中学校、高等学校及び特別支援学校の学習指導要領等の改善及び必要な方策等について（答申）」平成18年12月21日.

資料2. 多文化市民を育てるためのカリキュラムの開発事例

　多文化教育のカリキュラムは具体的にはどのようなものだろうか。ここで
は、西村（2014）によって開発された多文化共生学習に関する小中高一貫のカ
リキュラムの事例（pp.277-296）を紹介する。

1. 多文化共生学習カリキュラムの基本的な枠組み

　グローバル化が進展するなかで、地球という多文化社会における市民の育成
が大きな課題となっている。ここで取り上げる多文化共生学習のカリキュラム
の開発事例は、小中高の一貫の視点に立って、社会科・公民科において、地球
公民性の育成をめざすための内容構成を構想する試みである。

　同カリキュラムでは、社会形成者の育成目標として、「自立」「共生」「社会
参加（社会参画）」の3つを設定しており、自立した個人の社会認識形成、他者
と協同で問題解決を図る共生、主体的な社会参加（社会参画）による社会形成
といった目標を掲げている。自立した個人が他者と問題解決を図りながら社会
に参加していくことがめざされている。

　こうした目標の達成に向けて、内容構成にあたっては、「環境（政治環境）」
「グローバル」「未来」の領域における社会的論争問題を、「切実性」「倫理性」
「公共性」の視点から選択して、段階的に単元を構想している。その際、方法
（学び方）としての「調査」「分析」「表出（発信）」をセットに組み込んでいる。

　社会的論争問題とは簡単に解決できない時事的な問題をいうが、①国家と国
家（戦争、環境問題など）、②国家と国内の集団（基地、原発など）、③集団間（政
党の政策、ヘイトスピーチなど）、④個人間（思想、信条など）における対立のよう
な事例がある。社会的論争問題を扱う理由には、多元的な政治社会と関連づけ
て教材開発ができ、問題解決学習が可能であり、議論や参加（参画）などの政
治的な技能の育成が期待できることなどがある。

　また、小中一貫教育や中高一貫教育に関するこれまでの研究も踏まえつつ、
6つの学習ステージとしてⅠ（小学校1・2年）、Ⅱ（小学校3・4年）、Ⅲ（小学校5・
6年）、Ⅳ（中学校1・2年）、Ⅴ（中学校3年、高等学校1年）、Ⅵ（高等学校2・3年）

が設定されている。

2. 地球公民性を育成する小中高一貫カリキュラムフレームワーク

前述の基本的な枠組みに基づいて開発されたのが表11の「地球公民性を育成する小中高一貫カリキュラムフレームワーク（試案）」である。

横軸には、児童生徒の社会生活上の課題（実態・変化）、社会形成者の育成（自立・共生・参加）、公共生活学習の内容、社会的論争問題（政治環境・グローバル・未来）、方法・学ぶ力（調査・分析・表出）の欄があり、縦軸には、学習ステージ・校種・学年が設定されている。

表11　地球公民性を育成する小中高一貫カリキュラムフレームワーク（試案）

	児童生徒の社会生活上の課題（実態・変化）	社会形成者の育成（自立・共生・参加）	公共生活学習の内容	社会的論争問題（政治環境・グローバル・未来）	方法・学ぶ力（調査・分析・表出）
学習ステージⅠ 小学校1・2年	幼稚園から仲間集団が多様化するなかで、小学校生活から身の回りの人々の存在（身の回りに多文化の背景をもつ外国籍の人々がいる場合は外国の人々）や施設の働きに気づくことが課題となる。	生活者としての自立の基礎。 ・実感的な人や社会への気づき ・生活習慣の基礎 ・仲間遊び（仲よく） ・みんなで行う	・みんなで使うもの ・身近な公共施設 ・学校で働いている人々 ・一緒に学んでいる外国籍の子ども	身近な公共施設の利用をルールから考えよう。 ・お兄さんやお姉さんはルールを守って利用しているか ・一緒に学んでいる外国籍の友達の生活で似ているところと違うところは何か	身の回りの環境に気づくための学び。 ・体験や活動 ・ルールやマナーの習得 ・学校探検や地域探検による見学・観察 ・地域と外国とのつながり
学習ステージⅡ 小学校3・4年	学校や地域での生活から身近な社会での問題と外国とのつながりを意識して、自分たちで調べて、地域社会や日本との関わりで外国のことを理解することが課題となる。	生活者としての自立。 ・実感的な社会認識 ・生活習慣の確立 ・他者への共感 ・協力と参加	・地域のさまざまな文化 ・地域社会で働く人々 ・身近で生活している外国籍の人々 ・地域と都道府県の関係	地域にはどのような文化や人々の暮らしがあるだろうか。 ・地域にはどのような外国の文化が入ってきているだろうか ・地域にはどのような人々（外国籍の人々）が暮らしているだろうか ・都道府県では外国の文化や人々の暮らしはどうだろうか	自分の生活環境から問題を発見する学び。 ・体験と調べ活動 ・他者との協力的な働きかけ ・話し合い
学習ステージⅢ 小学校5・6年	国家・社会や地域社会の問題に関心をもち、仲間との話し合いにより問題を解決する方法を考え、どのような解決が望ましいか意思決定ができることが課題となる。	社会的生活者としての自立の基礎 ・共感的な社会認識 ・自己認識の基礎 ・役割分担の自覚 ・文化、価値観の異なる他者への共感 ・発信と社会参加（社会参画）	・国の特色と他の国々との関係 ・国の政治と交流のある外国の人々と都市	日本とつながりのある国家や人々はどのような交流をしているのだろうか。 ・日本と交流のある国々 ・日本と文化交流やスポーツ交流のある国々 ・日本の都市と交流している外国の都市	社会問題に目を向ける学び。 ・さまざまな人々との交流や体験 ・観察や調査をする力 ・言語で表出する力 ・社会的活動への参加（参画）

	児童生徒の社会生活上の課題（実態・変化）	社会形成者の育成（自立・共生・参加）	公共生活学習の内容	社会的論争問題（政治環境・グローバル・未来）	方法・学ぶ力（調査・分析・表出）
学習ステージⅣ 中学校1・2年	国家・社会や地球社会の政治環境の社会的条件をつかみ、よりよい地球社会形成について集団で議論し、具体的な解決策を提案できる発信力を身に付けることが課題となる。	社会的生活者としての自立。 ・共感的な社会認識 ・自己認識と責任の自覚 ・役割分担と共生 ・発信と社会参加（社会参画）	・国家の地理的条件と特色 ・国家・社会の歴史と多様な文化、文化交流 ・世界とのつながり ・文化の多様性と共通性	国家の伝統や文化は継承する必要があるのか。 ・地球環境の悪化に人類はどのように適応しようとしているのか ・よその国家ではどのような環境や文化を守っているのか ・次の世代に残すべき文化は何か	社会問題を分析する学び。 ・情報を収集する力 ・観察や調査をする力 ・考える力、判断する力 ・比較や解釈による分析する力 ・社会参加（社会参画）による問題解決力
学習ステージⅤ 中学校3年、高等学校1年	国家や地球社会の政治に関心をもち、よりよい地球社会を形成するために、仲間との協同学習を重視した問題解決に主体的に関わり、解決策を提案し、社会参加（社会参画）により社会を運営・改善する能力を身に付けることが課題となる。	社会形成者としての自立の基礎。 ・科学的な社会認識 ・相互理解に基づく共生 ・参加意識と意欲に基づく社会参加（社会参画）	・地方自治の本旨とその働き ・在日外国人の地方参政権問題 ・海外青年協力隊の働きと国際貢献	多文化共生はどのようにして行われているか。 ・地域にある多文化と公共政策との関係 ・国と地方の多文化政策の共通点と違い ・20～30年後の地域はどのように多文化共生を実現しているだろうか	社会問題の解決を提案する学び。 ・情報の収集・分析力 ・表現・提案する力 ・協働的な討論による解決力 ・社会参加（社会参画）による問題解決力
学習ステージⅥ 高等学校2・3年	国家や地球社会の政治の働きを学び、民主主義の理念を実現させる問題解決力を身に付けるために、協同学習の討論により論理的思考と公正な判断力を養う。また、主体的な社会参加（社会参画）により、よりよい地球社会の創造に責任を果たす社会形成者としての資質・能力の育成が課題となる。	社会形成者としての自立。 ・科学的な社会認識 ・共生できない現実も理解した上での相互利益を伴う共存 ・主体的な社会参加・参画と自己評価 ・主権者意識と自覚	・国連における安全保障理事会の役割 ・地球環境問題への各国の取り組み ・世界政府の樹立の必要性	世界の平和と安全のために国は国連にどのように参加していくべきか。 ・地球環境問題の解決には、国家政策として何が必要か ・他の国の人々と平和的に共存していくためには、人権問題の何が解決されなければならないか ・将来的にはグローバル・ガバナンスは必要となるか	グローバル社会の社会形成者としての自立をめざす学び。 ・思考力 ・判断力 ・表現力 ・論理的構成力 ・討論力 ・社会参加力 ・社会参画力 ・自己評価力

出典：西村（2014）、pp.291-293 をもとに作成。

3. 具体的な展開例

　カリキュラムフレームワークに基づいて開発されたのが、表12の「『多文化共生』学習における社会的論争問題を活用した具体的展開例」である。

　横軸には、地球公民性の基盤としての社会認識、地球公民性で育成する能力（社会的技能）、地球公民性として期待される価値観形成が、縦軸には、社会

形成者としてのねらい、多次元的公民性における位置づけ、学習ステージ・校種・学年が設定されている。社会的論争問題は、小学校段階では「異文化間理解の問題」、中学校段階では「多文化共生社会の問題」、高等学校段階で「地球社会で起こっている対立問題の解決」のように段階的に取り上げている。

表12 「多文化共生」学習における社会的論争問題を活用した具体的展開例

地域公民性	地球公民性の基盤としての社会認識	地球公民性で育成する能力（社会的技能）	地球公民性として期待される価値観形成
社会形成者としてのねらい	国家や地球社会における人間集団の機能と働きに気づき、それらを理解することにより地球社会の一員としての役割を考え、実践（社会参加）できることを行動に移し、社会に関わる形成者育成をめざす。そのためには、社会をつくり、運営し、改善するための基盤として、自立した社会認識形成をねらいとする。	国家や地球社会で起こっているさまざまな社会的論争問題について、政治環境、グローバル、未来の視点から探求し、国家・社会の形成者及び地球社会の一員として、討論力と提案力を身に付ける。具体的には協働的な社会をつくり、討論技能を身に付け、判断に基づき社会生活の場で実践（社会参加）し、社会を運営し改善する社会的役割をもつ。	民主主義社会における自由と平等を尊重し、基本的人権の理念を理解し、これからの地球社会のあり方を主権者である国民・市民の立場から、知識や認識を地球社会に活かす社会参加（社会参画）を考え実践を試みる。自分たちが生活している国家・社会や地域社会において国民参加により、よりよい民主的な政治環境に改善していく価値観を形成する。
多次元的公民性における位置づけ	地球公民性としての社会認識形成は、主権者や国家公民性の発展となる。現代社会の変化は、グローバル化と情報化により、地球規模の変化と交流になっている。地域社会の問題も多くは地域、国家・社会と相互に関連し、その認識が重要となっている。	国家や地域社会の社会的条件を理解し、国家や国際政治に関心をもち、よりよい国家・社会や地域社会を形成するために育成される社会的技能は、地域公民性や国家公民性に活用や応用が可能となる。それは体験や資料等の活用により地球規模の課題を探究する問題解決的な学びにより、獲得できる。	国家と地球社会の関係から民主主義の理念を実現させる問題解決力を身に付け、社会参加（社会参画）により地球社会の創造に責任を果たす民主主義的態度が期待される。このような社会認識と社会的技能を伴った民主主義的態度は、地域公民性と国家公民性においても肝要となる。
小学校低学年 学習ステージⅠ	学校の回りの様子について見学や探求を行い、実感的に外国籍の人々の生活を含め人々の働きと社会の関係に気づく。	自分たちのまちを探検し、社会がルールやマナーで成り立っていることを自分の言葉や文章で表現する。	自分たちのまちで生活している人々の文化に触れ共感する。身の回りにある外国の文化に気づく。
小学校中学年 学習ステージⅡ	地域にある公共施設を調べて、どのように国民や外国の人々に活用されているか、その実態と課題を理解する。	市町村や都道府県に在住している外国人の実態を調べ、かれらと共生する課題（問題）について話し合い、自分の考えを発信する。	市町村や都道府県に在住している外国人を調べ、人々の働きが社会性をもって行われていることに気づく。
小学校高学年 学習ステージⅢ	地域にある外国人が働いている企業や施設は、どのように運営されているか、どのように労働を分担しているかを理解する。	日本が少子高齢社会に向かうなかで、外国人労働者の受け入れを話し合う。また共生のための文化的課題を発見しその解決策を提案する。	外国人が働いている企業や施設の運営がどのように行われているか、国際交流や公共性に配慮して、受け入れにどのような課題があるか探究する。

186

地域公民性	地球公民性の基盤としての社会認識	地球公民性で育成する能力（社会的技能）	地球公民性として期待される価値観形成
中学校学習ステージⅣ	国土の地理的条件や国の歴史的条件を理解し、それらがどのような関係にあるのか、また、外国との関係において社会的論争問題として何があるか理解する。	生活している市町村や都道府県の現状から、国家・社会の課題を見つけ、比較や解釈の分析を通して、多面的・多角的に考え公正に判断する。その際に、外国との関係について扱う。	国と世界の政治はどのように行われているか、住民・市民は政治に公共性や倫理性を意識して参加（参画）しているかを考える。外国の価値観と日本の価値観が異なる場合があることも扱う。
中学校・高等学校学習ステージⅤ	地球社会に存在する対立や紛争を理解し、その背後にある文化摩擦の課題について認識を深める。また、国連に対するODA支援や青年海外協力隊の役割について理解する。	世界の対立や紛争について調べ、解決に役割を果たしている国連の分担金問題を考え、どのような解決策や貢献策があるか、情報の収集・分析から解決策を提案する。	地球社会の多文化共生について、対立や紛争の問題について討議し、多文化共生社会を地球社会で創造していくために、自分たちができる社会参加（社会参画）による問題解決を試みる。
高等学校学習ステージⅥ	国と国際社会の政治はどのような役割を果たすべきか、民主主義のあり方から人権問題や平和問題を事例に、地球社会の平和的共存について国連改革を事例に認識を深める。	冷戦後の地球社会はどのようになっているか。人権、平和、環境などの問題を分析し、問題点を話し合う。具体的には、国連の果たす役割から国連改革を調べ、改革案を提案する。	国際政治はどのような役割を果たすべきか、社会形成者としての社会参加（社会参画）と自己評価を試みる。その際に地球社会の一員として公共性と倫理性について価値形成をめざす。

出典：西村（2014）、pp.294-295をもとに作成。

4．多文化教育のカリキュラムデザイン

　本事例は、小中の社会科及び高校の公民科の目標や内容をもとに構想されたものである。こうした学習がさらに効果を上げるには、教科横断的な学びにしていくことが考えられる。第5章で取り上げたカリキュラムデザインの手順に従って、社会科や公民だけではなく、その他の教科、総合的な学習の時間（高校は、総合的な探究の時間）、道徳、特別活動など、学校の教育課程全体で構想していくことが考えられる。

引用文献

西村公孝（2014）『社会形成力育成カリキュラムの研究――社会科・公民科における小中高一貫の政治学習』東信堂.

資料3　授業開発事例

　　『多文化共生のためのテキストブック』『「移民時代」の多文化共生論』『多文化クラスの授業デザイン』は、多文化教育、異文化間教育、国際理解教育、外国人児童生徒教育などの教科書を意図して刊行したものである。各章に授業で活用できる課題を2つずつ紹介している。

『多文化共生のためのテキストブック』（明石書店）

第Ⅰ部　グローバリゼーションと多文化共生
第1章　グローバリゼーションとは
第2章　グローバリゼーションと社会変動
第3章　多文化共生のパースペクティブ
第Ⅱ部　多文化社会に生きる
第4章　文化とは何か
第5章　現実はつくられる──女性と男性
第6章　外国人として生きる
第7章　マイノリティとマジョリティ
第8章　多文化社会と社会統合のあり方
第Ⅲ部　グローバル社会に生きる
第9章　つながる世界──世界を見るレンズ
第10章　南北問題を考える
第11章　環境問題を考える
第12章　平和問題を考える
第13章　国際協力と開発
第Ⅳ部　多文化共生社会をめざして
第14章　日本社会と日本人であること
第15章　未来をつくるために

『「移民時代」の多文化共生論』（明石書店）

『多文化クラスの授業デザイン』（明石書店）

索　引

初出一覧

　書き下ろしと初出の別は、以下の通りである。初出を示した論文については、本書の論旨に対応させたり、重複を避けたりするために大幅に加筆修正した。

第1章　書き下ろし
第2章　松尾知明（2023）「日本人性の問い直しとしての多文化教育とは」『法政大学キャリアデザイン学部紀要』第20巻、pp.117-133.
第3章　松尾知明（2019）「多文化教育で育成がめざされる資質・能力」森茂岳雄・川﨑誠司・桐谷正信・青木香代子編著『社会科における多文化教育——多様性・社会正義・公正を学ぶ』明石書店、pp.32-43.
第4章　松尾知明（2013）「日本における多文化教育の構築——教育のユニバーサルデザインに向けて」松尾知明編著『多文化教育をデザインする——移民時代のモデル構築』勁草書房、pp.3-24.
第5章　松尾知明（2023）「日本版の多文化教育の構築をめざして——日本人性の概念の視点から」森茂岳雄監修、川﨑誠司・桐谷正信・中山京子編著『国際理解教育と多文化教育のまなざし——多様性と社会正義／公正の教育にむけて』明石書店、pp.284-298.
　　　　松尾知明（2019）「多文化教育と日本人性——異文化間能力の育成に向けて」『法政大学キャリアデザイン学部紀要』第16巻、pp.103-113.
第6章　書き下ろし
第7章　松尾知明（2021）「外国につながる児童生徒の学習支援——学習方略に焦点をあてて」『法政大学教職課程年報』第20巻、pp.24-35.
第8章　松尾知明（2021）「異文化間能力とグローバル体験学習プログラム——キャリア体験学習（国際・台湾）を事例として」『法政大学キャリアデザイン学部紀要』第18巻、pp.3-14.
終　章　書き下ろし

著者紹介

松尾知明（まつお・ともあき）

法政大学キャリアデザイン学部教授。国立教育政策研究所総括研究官等を経て現職。専門は、多文化教育とカリキュラム。著書に『多文化クラスの授業デザイン』『「移民時代」の多文化共生論』『多文化教育の国際比較』『21世紀型スキルとは何か』『多文化教育がわかる事典』『多文化共生のためのテキストブック』『アメリカ多文化教育の再構築』（以上、明石書店）、『多文化教育をデザインする』（編著、勁草書房）、『アメリカの現代教育改革』（東信堂）、『未来を拓く資質・能力と新しい教育課程』（学事出版）、『新版 教育課程・方法論』（学文社）等多数。

日本型多文化教育とは何か
—— 「日本人性」を問い直す学びのデザイン

2023年12月30日　初版第1刷発行

著　者　　松 尾 知 明

発行者　　大 江 道 雅

発行所　　株式会社 明石書店
　　　　　〒101-0021　東京都千代田区外神田 6-9-5
　　　　　電　話　03 (5818) 1171
　　　　　F A X　03 (5818) 1174
　　　　　振　替　00100-7-24505
　　　　　https://www.akashi.co.jp

装　丁　　明石書店デザイン室
印　刷　　株式会社文化カラー印刷
製　本　　協栄製本株式会社

（定価はカバーに表示してあります）　　ISBN978-4-7503-5682-2

多文化クラスの授業デザイン

外国につながる子どものために

松尾知明 著

■A5判／並製／216頁 ◎2200円

2018年の入管法改正以降、移民受け入れに舵を切った日本だが、教育現場ではまだまだ外国につながる子どもを含めたすべての子どもに向けた授業デザインへの取り組みは進んでいない。言語と異文化への配慮を行い、多文化社会への扉を開く。

「移民時代」の多文化共生論

松尾知明著

想像力・創造力を育む14のレッスン

◎2200円

多文化教育の国際比較

松尾知明著

世界10カ国の教育政策と移民政策

◎2300円

21世紀型スキルとは何か

松尾知明著

コンピテンシーに基づく教育改革の国際比較

◎2800円

多文化共生のためのテキストブック

松尾知明著

◎2400円

多文化教育がわかる事典

松尾知明著

ありのままに生きられる社会をめざして

◎2800円

アメリカ多文化教育の再構築

松尾知明著

文化多元主義から多文化主義へ

◎2300円

文化接触における場としてのダイナミズム

異文化間教育学会企画
加賀美常美代・徳井厚子・松尾知明編

◎3000円

社会科における多文化教育

異文化間教育学大系2

多様性・社会正義・公正を学ぶ

森茂岳雄、川﨑誠司、桐谷正信、青木香代子編著

◎2700円

〈価格は本体価格です〉